La création de soi, l'ultime solution

Connaissance, confiance, estime, conscience et amour de soi, tout est relié avec votre pouvoir de création.

Par Claude Lasanté

ISBN 978-2-923727-57-8

Table des matières

Avant-propos 7

L'oublie de soi par les croyances imposées 9

Ce que vous devez comprendre concernant vos croyances 11

La vie est un processus de création et d'évolution de soi 19

L'évolution de soi est impossible sans la création de soi 23

Le pouvoir sur les autres n'est pas le pouvoir avec les autres 27

VOTRE ÉTAT D'ÊTRE 31

Qu'est-ce qu'un état d'être ? 33

Connaître et choisir consciemment votre état d'être 37

Un problème est votre vérité par rapport à la réalité 43

Accepter la vie telle qu'elle est 53

Comprendre ce qui a créé votre situation 59

Décidez ce que vous choisissez d'être 63

LE PROCESSUS DE LA CRÉATION 71

Être ne suffit pas, il faut expérimenter la création 73

La motivation est le moteur de la création !	75
Un problème n'est ni bien ni mal, il lance la création	77
Découvrez le cadeau qui se cache dans votre problème	81
Comment choisir vos expériences créatives ?	91
Est-ce que la foi aux autres a détruit votre confiance ?	93
Les outils de la création	101
Comment utiliser votre imagination créative ?	119
Comment utilisez votre pouvoir de la parole ?	125
Comment agir de façon juste et aimable ?	129
Continuez la création consciente	137
Partagez votre sagesse et conscience	141

Avant-propos

Que vous viviez un problème de couple, familial ou amoureux, que vous ayez un problème d'emploi, de travail ou financier, que vous éprouviez un sentiment inconfortable, un état malheureux ou inquiétant, vous pouvez vous en libérer d'une façon joyeuse.

Lorsque vous allez expérimenter votre pouvoir de création pour la première fois, de façon consciente, que vous allez réussir un premier pas avec simplicité, alors à cet instant, le véritable espoir, la foi, naîtra en vous afin de transformer les situations malheureuses de votre vie, toutes les situations malheureuses.

Vous n'aurez plus cette crainte ou cette inquiétude de vivre des problèmes, car vous aurez toute la sagesse de les affronter avec confiance, avec simplicité, avec joie et avec une passion jamais soupçonnée.

Vous prendrez conscience que ce n'est pas l'argent, ni la chance, ni l'éducation, ni un titre, ni les autres qui ont le pouvoir de vous transformer !

Toute votre vie, vous avez été éduqué à attendre des autres quelque chose. Vous n'aviez pas à le faire.

Il suffisait de l'offrir aux gens en utilisant votre pouvoir de création. Vous avez simplement oublié cela en suivant des gens qui ont oublié cela.

Observez le monde où nous vivons et vous aurez suffisamment de preuves pour comprendre que nos gens instruits bien intentionnés, mais mal informés, nous ont mené là où nous ne voulions pas aller.

Dans ce livre, je m'appliquerai à vous faire prendre conscience que les problèmes sont des opportunités pour utiliser votre pouvoir de création.

Que la création de soi est l'ultime réalité !

Vous découvrirez des différents points de vue, des expériences et des exemples pour créer des relations justes, saines et unies afin de réaliser ce que vous choisissez, peu importe qui vous êtes, ce que vous faites et où vous vivez.

Claude Lasanté

L'oublie de soi par les croyances imposées dès notre jeune âge

Jadis, les gens croyaient que la terre était plate. Et ils tuaient ceux qui avaient un autre point de vue !

L'autorité en place, ceux qui exerçaient le pouvoir ou le contrôle sur les gens, les obligeaient à connaître leur version des faits au moyen de la peur et ainsi produire des croyances souvent bizarres.

Ils disaient : « Regardez les faits, vous voyez bien que la terre est plate ! »

En vérité, les faits peuvent être différents selon le point de vue de l'observateur, selon l'endroit d'où il regarde ou selon l'imagination qu'il pense.

Mais quand un grand nombre de gens ont la même croyance et en plus, le même point de vue, il est très difficile pour vous, de ne pas y croire.

Placez-vous dans l'espace, donc en ayant un autre point de vue, et les faits ne sont plus les mêmes et vous voyez que la terre est ronde.

À partir des croyances, souvent fausses, vous ajoutez ou vous accumulez toute sorte de connaissance pour prouver que la terre est plate, de vous donnez raison, et ainsi augmenter vos certitudes et y croire de plus en plus.

Il ne vient jamais à l'esprit des gens "croyants" ou des gens "instruits" ou des gens "au pouvoir", que tout ce qu'ils croient vrai pourrait être faux ? Et que tout ce qu'ils croient faux pourrait être vrai ?

Par conséquent, est-il possible que la capacité de ne pas vouloir avoir raison soit la plus grande intelligence ou sagesse qui existe ?

Avez-vous cette sagesse en vous pour continuer la lecture de ce livre ?

Ce que vous devez comprendre concernant vos croyances

Tous les êtres humains sont nés dans un environnement où ils n'ont jamais choisi ce qu'ils voulaient croire, mais de se soumettre à la volonté des autres en qui, ils ont mis toute leur confiance et un amour inconditionnel.

Cela fait partie de la fondation de notre vie, et perdre cette fondation, c'est perdre nos points de repère, nos références, nos réconforts.

Mais lorsque certaines croyances ne servent plus votre bien-être ou votre bonheur, lorsque ces références ne soutiennent plus la maison, lorsque vous vivez des problèmes, ne serait-il pas sage de voir celles qui ne soutiennent plus la structure de la maison et les remplacer une par une, remplacer les briques ou les planches, sans tout refaire à neuf ?

Vous avez été conditionné à solutionner vos problèmes en mettant votre énergie sur les choses à faire et les changer afin d'avoir des résultats différents.

Mais vous avez complètement oublié d'aller un peu plus profondément dans le processus en oubliant les croyances ou les habitudes dans votre façon d'être.

C'est là qu'il faut regarder et changer quelque chose.

Cependant, gardez et défendez vos croyances, mais quand certaines ne servent plus, il est bon de se souvenir que vous avez le choix de créer la vie que vous voulez.

Mais si dans vos croyances, personne ne vous a montré ce qu'est un choix libre, vous allez croire, que vous ne pouvez pas changer vos croyances.

Rien n'est plus éloigné de la vérité !

La prise de conscience se fait, lorsque l'on accepte la situation telle qu'elle, d'observer vos croyances sans les juger et les accepter sans les nier.

Est-ce que vos croyances viennent de vous ?

Croire est une pensée profonde et inconsciente, qui crée l'expérience de la vie telle que nous l'observons.

Vous ne pouvez pas faire l'expérience de quelque chose que vous ne croyez pas.

Vous avez été éduqué à ne pas choisir librement, à ne pas avoir de choix concernant vos pensées. On vous a enseigné quoi penser et non comment penser.

Par conséquent, dans vos croyances, vous croyez que ce que vous savez est ce qui est vrai et vous l'acceptez. Tout ce qui est différent de vos croyances, alors cela apparaît faux dans votre esprit.

Les croyances sont toujours dans le domaine du connu, du passé et alors, vous rejetez, vous niez tout ce qui est nouveau, ce qui est différent, ce qui est présent. Tout ce que vous ne reconnaissez pas dans votre mémoire ou votre raison.

Qui vous a enseigné vos croyances actuelles ?

Observez votre vie d'enfant et vous constaterez que vous aviez toujours tort en face d'un adulte, qui lui avait toujours raison.

En grandissant, vous imitez vos prédécesseurs, sans vous en rendre compte. Ainsi, les péchés sont transmis de père en fils, de génération en génération.

Personne n'aime se faire dire qu'il a tort.

Ainsi, très peu de vos croyances proviennent de vos propres expériences. Et même si votre expérience est différente de ce que les autres vous ont dit de penser, vous rejetez vos propres expériences, vos propres vérités, et adoptez celles des autres.

Et pourtant, c'est tout le contraire que vous devez faire, car vous êtes venu dans ce monde pour vous connaître et faire l'expérience de qui vous êtes, non d'imiter les autres !

Comprendre, c'est ne pas avoir raison

Est-il possible que vous ayez raison et que l'autre aussi ait raison ? Pourquoi dans une relation, il faut nécessairement avoir un gagnant et un perdant ?

Lorsque vous avez l'intention de comprendre l'autre, n'avez-vous pas en cet instant, un état de bien-être ? Et lorsque vous n'avez pas l'intention de comprendre l'autre, donc de vouloir avoir raison, n'avez-vous pas en cet instant, un état de peur de perdre la face ?

Pourquoi vouloir vous blesser vous-même, sans vous en rendre compte ?

Par conséquent, c'est en acceptant que vous pouvez vous tromper, en acceptant que certaines de vos croyances sont fausses, que vous pouvez ouvrir votre esprit à de nouvelles possibilités, à comprendre ce qui est nouveau.

C'est cette qualité à ne pas avoir toujours raison, à avoir tort quelque fois, que vous créez dans votre esprit, un choix libre qui produit du bien-être.

Ne serait-il pas sage et intelligent d'avoir le pouvoir de contrôler nos propres croyances afin de vivre la vie que nous choisissons ?

La vie n'est pas une école pour apprendre

Faites-vous l'erreur de croire que la vie est une école pour apprendre quelque chose ? Faites-vous l'erreur de croire que la vie est un processus de découverte ? Faites-vous l'erreur de croire que vos croyances sont les vôtres ?

Toute votre vie, on vous a enseigné à vivre dans la peur. On vous a constamment parlé de la survie du plus fort, de la victoire du plus puissant et du succès du plus rusé.

Rarement, vous avez entendu parlé de la grandeur du plus aimable. Ainsi, vous cherchez à être le plus fort, le plus puissant, le plus rusé, et si vous n'êtes pas à la hauteur dans une quelconque situation, vous craignez la perte, car on vous a dit que les inférieurs étaient des perdants.

Ainsi, vous réagissez par l'action inconsciente parrainée par la peur, car c'est ce qu'on vous a enseigné. Mais lorsque vous choisirez l'action consciente parrainée par l'amour, vous ferez plus que survivre, plus que gagner, plus que réussir.

Vous ferez alors l'expérience glorieuse de qui vous êtes vraiment, et de qui vous pouvez être.

Croire aux résultats et oublier ce qui crée les résultats

Vos croyances sont fondées sur la préoccupation des résultats, sur les conclusions des autres, qui ont autorité sur vous et qui ne sont pas conscients de l'existence d'un processus de création qui mène aux résultats.

Vous êtes et je suis ce processus !

Notre nature est de créer, mais nous l'avons oublié par ces croyances qui nous obligent à imiter.

La réalité n'est pas une action, mais le résultat, la conséquence naturelle à propos d'un processus de création.

Si le processus utilisé est celui de l'imitation, alors l'évolution de soi est impossible, car elle ne peut grandir vers des états d'être plus magnifiques, plus grandioses.

Pour lancer ce processus de création, la connaissance de soi et la confiance en soi sont essentielles, et dans bien des cas, les gens ne voient pas la différence entre réaction et création.

La vie est un processus de création et d'évolution de soi

Le plus grand secret, c'est que la vie n'est pas un processus de découverte ou d'apprentissage, mais bien un processus de création.

Vous ne vous découvrez pas, vous vous créez à nouveau en des versions de plus en plus grandioses de qui vous êtes.

Par conséquent, ne cherchez pas à savoir ni à apprendre qui vous êtes, mais cherchez à connaître qui vous êtes, selon vous, et à déterminer qui vous choisissez d'être.

La réalité ou la matérialité ainsi que votre vérité intérieure en sentiment est le seul moyen de connaître de façon expérientielle, ce que vous connaissez de façon conceptuelle.

Ainsi, à quoi sert la vie, si vous cherchez uniquement à accumuler du savoir, à apprendre le plus de chose pour vous faire reconnaître comme quelqu'un d'érudit, si vous n'expérimentez rien de nouveau dans votre vie ?

À quoi sert la vie, si vous cherchez uniquement à accumuler le plus de chose, le plus d'argent, le plus de pouvoir, le plus de popularité, si vous n'expérimentez rien de nouveau dans votre vie ?

À quoi sert la vie, si vous cherchez uniquement à vous divertir, à chercher des sensations du corps, si vous n'expérimentez rien de nouveau dans votre vie ?

La joie est dans la création, et les surprises dans les conséquences de vos créations.

Vivre inconsciemment ou consciemment

La question est de savoir si vous avez l'intention de vivre inconsciemment ou consciemment. En tant que créateur conscient de votre vie ou en tant que victime des autres. En tant que cause ou en tant qu'effet.

Votre monde vous a enseigné à ne pas choisir, mais à vous obliger à suivre leur façon de vivre sans aucune possibilité, donc leur processus inconscient par la réaction à la réalité.

C'est en prenant conscience du processus conscient de la création de soi, que vous avez maintenant un choix possible entre un processus de création et un processus de réaction ou d'imitation.

En l'absence de choix, donc en étant obligé à un seul processus, aucun choix n'est possible, donc aucune liberté de choix n'existe dans votre réalité.

Quel est le but de la vie ?

Le but de l'être ou de l'âme est de tout ressentir afin de se rappeler qui elle est vraiment et de le rappeler aux autres.

Pour se rappeler qui elle est, elle doit absolument connaître qui elle n'est pas afin de pouvoir choisir consciemment et librement, des états d'être à expérimenter au moyen de la création.

Le sentiment de bien est qui vous êtes et le sentiment de mal est qui vous n'êtes pas, mais doit exister afin d'avoir un choix conscient.

Le rôle de l'âme est d'indiquer ses désirs à la partie consciente de l'esprit sans l'imposer.

Le rôle de l'esprit est de choisir les désirs de l'âme ou les oublier.

Le rôle du corps est d'agir à partir du choix de l'esprit.

L'évolution de soi est impossible sans la création de soi

Sans la connaissance de soi, sans la confiance en soi et sans la création de soi, l'évolution de soi est impossible, car tout cela fait partie du même processus.

L'estime de soi par les sentiments et la conscience de soi par la connaissance absolue ou la foi en sont les résultats !

Le processus d'évolution de soi

La connaissance de soi est un choix d'être concernant l'acceptation de ce que vous êtes et ce que vous n'êtes pas. Sans ce choix, vous ne pouvez pas choisir d'exprimer qui vous êtes. Vous pouvez dire que vous vous connaissez, mais si vous ne vous connaissez pas selon vous-même, alors vous n'avez que des idées imposées par les autres à votre sujet.

La confiance en soi est un état d'être ou l'incertitude existe par rapport à quelque chose de nouveau que vous avez envie de créer ou faire. Vous pouvez dire que vous avez confiance en vous, mais si vous n'entreprenez pas quelque chose de nouveau, donc d'incertain, d'inconnu et de non imitatif, alors vous n'avez qu'une idée concernant la confiance en soi.

La création de soi est une façon d'être que vous expérimentez au moyen de la relation. Vous pouvez dire que vous êtes une personne sincère ou tout autre état d'être, mais si vous ne faites pas une action sincère envers quelqu'un, vous n'avez qu'une idée concernant la création de soi.

L'estime de soi est un sentiment d'être qui se produit après une nouvelle création choisie librement en toute confiance et en toute connaissance de cause. Vous pouvez dire que vous avez de l'estime pour vous, mais si vous n'avez pas senti une profonde vibration de grande fierté en vous, alors vous n'avez qu'une idée concernant l'estime de soi.

La conscience de soi est une vérité d'être, une connaissance absolue ou une foi à propos de l'être. Vous pouvez dire que vous avez une conscience de soi, mais si vous n'avez pas le sentiment dans l'âme et la certitude dans l'esprit concernant une chose précise, alors vous n'avez pas de conscience de soi à propos de cette chose.

Ce processus d'évolution de soi est infini et se déroule en cercle, en une roue, non en une ligne qui va de gauche à droite.

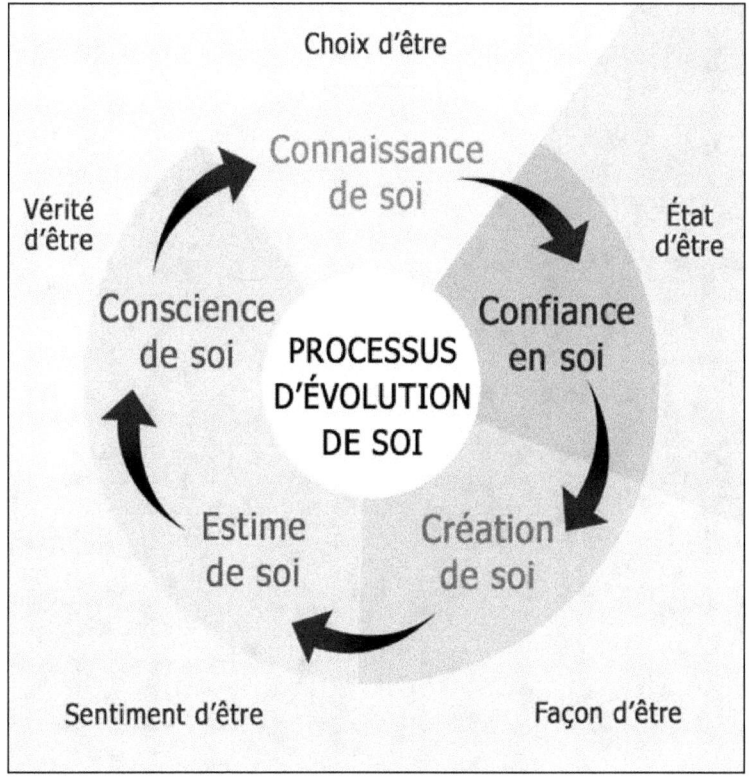

Processus d'évolution de soi

Le pouvoir sur les autres n'est pas le pouvoir avec les autres

Je me suis toujours demandé, pourquoi on n'entend jamais parler des expériences et des échecs, de nos parents, professeurs, leader, gestionnaires, prêtres, juges, politiciens, grands penseurs, gens importants ?

Vous savez de qui je parle n'est-ce pas ?

Ces gens que tout le monde écoutent, respectent et qualifient de plus important que les autres.

Pourtant, Dieu n'a pas créé des humains meilleurs ni plus importants que les autres, mais des êtres égaux et qui s'expriment différemment !

Ont-ils peur de montrer leurs erreurs, en croyant que cela pourrait noircir leur image, leur ego démesuré ?

Ont-ils peur d'avouer, qu'ils n'ont aucune expérience propre ni vérité dans leur sentiment ni conscience de qui ils sont ?

J'ai bien observé et ce que je vois est simplement leur manque de responsabilité en croyant devoir ordonner aux autres de faire quelque chose et ainsi s'en laver les mains, quand les résultats ne sont pas atteints ou quand ils ne sont pas réussis.

Ainsi, ils n'expérimentent pas leur pouvoir de création de façon complète avec les trois outils que nous tous avons eu à la naissance et qui sont la pensée, la parole et l'action.

L'action est manquante, n'est-ce pas ?

Cette étape où nous pouvons faire des erreurs ou des choix qui ne fonctionnent pas et ainsi se faire juger ou critiquer par les autres, par tous ces gens qui eux non plus, ne comprennent pas l'action et où les erreurs ne font pas partie des étapes du succès, de la réussite.

Ils cherchent donc le pouvoir sur les gens et non le pouvoir avec les gens. Ce faux pouvoir est de vouloir contrôler les êtres humains afin qu'ils se soumettent à leur volonté, à leur désirs égoïstes.

Parce qu'ils ont peur de faire des erreurs, l'expérience n'est jamais complète et alors ils doivent ordonner ou obliger les autres à faire leurs actions en utilisant la peur et la culpabilité afin d'arriver à leur fin.

En fait, les gens cachent les informations les plus précieuses et les plus importantes de la vie, soient les expériences qui n'ont pas fonctionnées, les erreurs de choix et les conséquences qu'elles ont produites.

Tout cela pour se montrer à la hauteur, bien paraître et ainsi dissimuler la vérité au lieu de l'exposer.

L'enseignement est basé sur la compétition, sur le fait de gagner comme étant l'idéal le plus élevé, sur la raison du plus fort ou du plus instruit et surtout, sur le bien paraître.

Vous croyez que l'éducation est fondamentale, elle l'est pour apprendre, donc pour imiter une technique, une pratique ou une langue. Mais elle ne l'est pas, quand il s'agit de choisir, de créer et de réaliser la vie que vous voulez.

Ce qui compte n'est pas de lire des milliers de livres, suivre des cours et assister à plusieurs conférences afin d'accumuler des mots dans votre mémoire, puis d'en parler pour montrer votre savoir inutile et créer des conflits dans les relations en cherchant à avoir raison avec votre grande supériorité.

Non, ce qui compte vraiment est de vouloir vivre des nouveaux sentiments dans votre âme au moyen de nouvelles expériences ou créations choisies en toute conscience et ainsi connaître votre grandeur.

Vous êtes vraiment unique, mais les gens qui dirigent les systèmes organisés croient le contraire pour leur intérêt et ainsi vous contrôler par le pouvoir sur vous.

VOTRE ÉTAT D'ÊTRE

Qu'est-ce qu'un état d'être ?

Si vous désirez savoir ce qui est vrai pour vous en ce qui concerne quelque chose, alors observez comment vous vous sentez par rapport à celle-ci.

Le sentiment est un résultat, une conséquence de votre comportement en relation avec les gens, les choses et les idées. Ce que vous sentez est aussi, ce que vous êtes, donc le début de quelque chose.

Votre vérité, votre ultime vérité, se trouve toujours dans vos sentiments les plus profonds. Il s'agit d'arriver à bien discerner en vous ces sentiments.

Lorsque vous vous sentez mal, c'est que vous avez réagi à partir d'un état d'être mal en vous, un état d'être qui n'est pas l'amour, qui n'est pas qui vous êtes.

Vous ne pouvez pas penser à un sentiment, car un sentiment est maintenant. Y penser est un faux sentiment que vous pouvez croire vrai. Ce qui est passé est aussi un faux sentiment, c'est une idée dans votre mémoire rien de plus.

Le sentiment est le langage de l'âme et elle est une de nos trois énergies, nos trois facettes de notre être, qui sont l'âme, l'esprit et le corps.

Le meilleur de vos intérêts

Les gens ne sont pas conscients de leur âme, de leurs sentiments. Ils ont oublié leurs états d'être par les prédécesseurs inconscients, et alors ils désirent faire quelque chose pour eux, pour réaliser des désirs individuels, du bien-être personnel.

Il n'y à rien de mal à vouloir réaliser ses intérêts, c'est la nature des choses.

Mais réaliser ses intérêts ne veut pas dire réaliser ses meilleurs intérêts...

Lorsque les gens sont conscients de leur âme, de leurs sentiments et ceux des autres, ils désirent créer quelque chose en fonction du bien-être des gens et d'eux-mêmes.

Pour la plupart des gens sur cette planète, nous ne sommes pas conscients de l'être, alors nous agissons à partir de la séparation, de nos intérêts uniquement, et ainsi oublier les intérêts des autres, qui sont aussi les nôtres et qui sont nos meilleurs intérêts.

Mais quand nous provenons d'une conscience d'être, de la relation avec l'autre, d'être conscient de soi et de l'autre, alors nous choisissons de créer à partir de l'unité, de l'amour, ce qui fait du bien à tous.

Cela produit les conséquences naturelles d'un monde plus aimable, plus uni, plus évolué.

Vivre inconsciemment, c'est oublier notre état d'être ainsi que celui des autres. Vivre consciemment, c'est être attentif à notre état d'être et celui des autres.

Ne niez jamais vos sentiments, vos vérités !

Quelque soit votre âge, votre situation, votre race, votre éducation, votre titre ou votre geste, si vous niez votre sentiment, alors vous ne faites que vous détruire, vous haïr, vous trahir et vous oublier.

N'oubliez jamais que vos sentiments sont vos vérités. Bien que les gens nient vos sentiments et vous culpabilisent, cela indique qu'eux-mêmes, les ont oubliés, les ont niés.

Ne devenez pas comme eux pour l'amour du ciel !

Comment est votre sentiment quand quelqu'un vous juge et vous critique ? Si vous vous sentez mal, alors c'est mal pour vous.

Quand vos parents vous donnaient une fessée en disant que c'était pour votre bien, comme était votre sentiment en vous ? Mal ? Alors c'est mal.

Quand les professeurs vous disaient que vous vous trompiez sur quelque chose que vous aviez expérimenté et que pourtant, vous vous sentiez bien. Alors c'est bien.

Quand vous vous sentez calme maintenant, c'est que vous êtes calme. Quand vous vous sentez énervé, c'est que vous êtes énervé.

Quand vous êtes bien et que l'autre ne l'est pas, alors cela est mal.

Quand vous êtes mal et que l'autre est bien, alors cela est mal.

Mais comment réagir contre ceux qui ne respectent pas vos sentiments ?

N'est-ce pas ce que l'esprit se questionne ?

Comment ne pas nier vos sentiments, quand la pression et la peur viennent des autres ?

Se trahir pour ne pas trahir quelqu'un reste de la trahison, c'est la plus grande trahison.

Dites votre vérité à l'autre d'une façon précise, claire et douce afin de ne pas chercher à l'attaquer.

Connaître et choisir consciemment votre état d'être

Il n'existe que deux choix : Choisir de façon consciente ou réagir de façon inconsciente sans choix.

Vous venez au monde dans une famille, une ville, un pays et une planète où personne ne vous a montré, qu'il existait une autre façon de vivre et réaliser vos désirs.

Au lieu de cela, vous avez été éduqué par les gens nés avant vous, à suivre une seule façon de vivre, soit la leur.

En l'absence de choix, sans la possibilité pour vous de choisir entre deux processus de la vie ou deux états d'être, et sans vous obliger ou vous punir si vous faites un mauvais choix, alors vous croyez qu'il existe qu'une seule façon de vivre.

Cette façon de vivre ou ce processus est celui de l'imitation tandis que celui que je vous présente ici est celui de la création.

Parce que personne ne vous a enseigné l'existence de deux processus et ainsi avoir un choix libre, alors par défaut, vous utilisez inconsciemment, celui que tout le monde croit, peu importe s'il fonctionne pour votre bonheur.

Quand des milliards de gens croient la même chose, il est difficile de ne pas y croire, n'est-ce pas ?

Tant de pression, tant de jugement !

Ainsi, vous produisez dans votre esprit, une croyance qui pourrait être fausse, sans vous en rendre compte.

Cette croyance imposée de force ou conditionnement s'est réalisé par l'obéissance, la peur et la culpabilité dès votre enfance, et cela a causé la plus grande fausseté ou illusion à votre sujet.

Soit d'avoir besoin des autres pour être heureux.

Le besoin aux autres

Lorsque vous avez besoin des autres, donc lorsque vous dépendez des autres, vous cherchez des façons pour obtenir ce que vous voulez, et vous oubliez votre état d'être qui lance votre pouvoir de création en utilisant l'imitation, car vous avez été éduqué ainsi.

Vous doutez alors, de votre capacité à créer ce que vous désirez pour vous. Ce doute cause le manque de confiance en vous et ainsi avoir besoin des autres.

La naissance de la sécurité

Puis, quand vos besoins sont comblés par les autres, que vous êtes bien, vous vous demandez combien de temps cela va durer, alors vous commencez à vous inquiéter de les perdre, vous avez peur de les perdre.

La peur et l'inquiétude causent une profonde réaction en cherchant la sécurité à tout prix, à vous protéger contre la perte.

Cette sécurité, que tout le monde croit être bénéfique, est en vérité, la cause de tous les conflits, guerres et divisions dans vos relations.

Vous cherchez à vous protéger, car vous croyez qu'il existe des victimes et des gens méchants qui veulent vous prendre ce que vous avez ou veulent ne plus vous donner ce que vous avez besoin.

Vous croyez aussi, qu'il pourrait manquer de ce que vous avez besoin et ainsi en accumuler davantage.

Le pouvoir ou le contrôle sur les gens

Pour protéger votre sécurité, votre peur ou inquiétude de perdre vos besoins, ce que vous croyez essentiel à votre bonheur ou votre survie, vous réagissez à vouloir contrôler les gens, les retenir, les obliger, les forcer, les juger, les condamner, les blesser afin de ne pas perdre ce que vous avez.

Il en résulte des disputes, des conflits, des malheurs, car vous voyez maintenant les autres comme des adversaires et non comme des partenaires.

Évidemment, vous ne croyez pas être responsable de cela, et l'autre non plus.

Ainsi, personne n'est responsable, tous accusent les autres et rien ne change.

Vous n'avez pas ce que vous voulez, mais bien ce que vous choisissez

Donc, si vous voulez vivre des relations plus justes, plus saines, plus unies et plus aimables, vous devez prendre conscience que vous ne pouvez pas avoir ce que vous voulez dans la vie, mais bien ce que vous choisissez de créer.

Vous devez être conscient du processus de création et du processus d'imitation afin de déterminer celui qui vous convient le mieux afin de réaliser vos intentions dans la vie.

Sans un choix, vous n'avez pas de choix.

Si je vous disais que vous ne mangez que du riz et tous les gens autour de vous mangent du riz, alors vous allez manger du riz.

En l'absence de choix, vous imitez les croyances des autres sans savoir si elles fonctionnent pour vous, pour réaliser vos intentions.

Un problème est votre vérité par rapport à la réalité

Votre vérité est votre sentiment d'être ou état d'être à chaque instant et votre réalité est une illusion que vous croyez vraie.

Tout problème est quelque chose de neuf et en l'abordant avec des connaissances passées, alors le vieux ne peut jamais comprendre le neuf.

Il n'y a pas de vieux problème, tout simplement.

Pour résoudre vos problèmes personnels ou de relation, vous devez voir qu'ils sont toujours neufs et non quelque chose de vieux qui peut se solutionner avec des connaissances passées.

Voilà pourquoi l'aide extérieure ne fonctionne pas, peu importe le niveau d'éducation et les titres des gens.

Celui qui vit un problème est l'unique personne qui a le pouvoir et la responsabilité de transformer cette situation.

En allant chercher de l'aide à l'extérieur, vous ne faites qu'augmenter le conflit en vous en échange de mots ou d'actions réconfortants contre de l'argent ou autre chose.

C'est par l'observation de vos sentiments inconfortables, que vous êtes attentif à qui vous n'êtes pas. Que vous pouvez vous en libérer par choix conscient et par une création consciente.

Et c'est par l'observation de la réalité et croire qu'elle est une illusion, que vous pouvez changer la situation de votre vie.

Comment la réalité semble si réelle ?

Lorsque des milliards de gens croient à quelque chose, il est très difficile de ne pas y croire. Comme je le disais, tous les gens croyaient que la terre était plate.

L'observation de la réalité a soutenu votre croyance et ainsi produire des connaissances. Par conséquent, toute conclusion ou réalité est une illusion.

Cela dépend du point de vue de l'observateur.

Changer votre point de vue, votre perspective, votre point d'observation et alors, vous changez votre réalité.

Allez dans l'espace et vous verrez que la terre n'est pas plate !

En fait, la réalité n'est pas vraie, mais vous croyez qu'elle l'est. Ainsi, vous n'avez pas à voir pour croire, mais bien à croire pour voir. Croyez que la réalité est une illusion et votre vie se transformera.

Cela vous apportera une prise de conscience que vos sentiments présents sont vos vérités à chaque instant et que vous avez passé une grande partie de votre vie dans l'inconscience de vos vérités en croyant que la réalité était la vérité.

Vos sentiments sont le langage de votre âme et les sentiments des autres sont le langage de leur âme.

Si vous désirez savoir ce qui est vrai pour vous, donc ce qui est bien ou mal, alors observez vos sentiments dans les relations. Ne les confondez pas avec les sensations du corps.

Comment observer sa vérité et sa réalité ?

Ne trouvez-vous pas que les gens les plus instruits et ceux ayant de l'autorité compliquent les choses les plus simples de la vie afin de se montrer plus intelligents que les autres avec des mots ?

Je me demande aussi pourquoi la plupart des gens veulent que ce soit les autres qui leur disent les réponses concernant les choses importantes de leur vie ?

Ont-ils été éduqués à douter d'eux, à ne pas être confiant, et ainsi ne pas avoir la responsabilité de penser ?

Une des choses les plus simples à faire est d'observer votre vérité et votre réalité. Pour cela, vous n'avez pas besoin de personne au monde pour observer, il suffit de regarder hors de vous la réalité au moyen de vos sens et de percevoir la vérité en vous par votre sentiment d'être.

Observez votre réalité

La réalité physique est simplement les conséquences de notre pouvoir de création. Toute création se manifeste dans la réalité afin d'apporter une conséquence, une preuve de sa réalisation.

Cela n'est pas la vérité, mais bien un résultat naturel suite à un processus de création consciente ou inconsciente.

Sans la réalité matérielle et immatérielle, nous ne pourrions jamais transformer la conception en expérience et ainsi sentir la joie grandiose de sentir qui nous sommes au travers nos sentiments et notre réalité.

Si vous n'êtes pas conscient de vous, de votre pouvoir de création, alors votre réalité apparaîtra comme si vous n'êtes pas le créateur de votre vie. Vous nierez cette réalité si vous ne l'aimez pas, sans être conscient que vous l'avez créé.

Si vous êtes conscient de vous, de votre pouvoir de création, alors votre réalité apparaîtra comme si vous êtes le créateur de votre vie. Vous accepterez cette réalité en toute conscience et vous voudriez évoluer vers des versions de plus en plus grandioses de qui vous êtes.

Vous êtes conscient de vous, quand il existe un choix pour vous entre un processus conscient et un processus inconscient. En l'absence d'un ou l'autre, il est impossible d'être conscient de quoi que ce soit. Par conséquent, vous êtes endormi dans l'oubli de soi.

Observez votre vérité de bien

Lorsque vous êtes mal, vous savez votre vérité et quand vous êtes bien, vous savez votre vérité.

Aucune personne au monde ne peut vous dire quand vous êtes mal et quand vous êtes bien.

Mais vous pouvez l'avoir oublié, si vous n'êtes pas attentif à vous ou avez peur de la réaction des autres.

Par conséquent, votre vérité est ce que vous sentez (et non ce que vous pensez) à chaque instant et pour le savoir, il suffit de vous poser une simple question :

Comment je me sens ?

Votre réponse est ce que vous êtes actuellement.

Votre état d'être est à la fois un sentiment et ce que vous êtes.

Par exemple, je suis en train d'écrire ce livre et en me posant la question comment je me sens, alors ma réponse est que je me sens bien et calme.

Il est facile de ne pas réagir, quand on se sent ainsi, mais lorsque nous vivons un problème, c'est plus difficile.

Observez votre vérité de mal

C'est en vivant un sentiment inconfortable, un mal, que nous réagissons sans observer, sans être attentif à notre état d'être, à notre sentiment.

C'est la cause de bien des problèmes et conflits.

Tout mal, douleur, inconfort ou souffrance n'est pas qui vous êtes, mais bien qui vous n'êtes pas. C'est une erreur de pensée, un jugement ou une négation que vous avez déjà portée en toute inconscience, probablement par l'enseignement reçu.

Mais sans le sentiment de mal, il nous serait impossible de connaître le sentiment de bien, car sans choix, aucun choix n'est possible.

Ainsi, quand nous avons un sentiment de mal, notre réaction lance immédiatement un processus inconscient de soi, car nous n'avons jamais pris conscience de l'existence d'un autre processus de la vie. De choisir entre le processus de création ou le processus d'imitation ou de réaction.

Cette réaction a sa base dans un sentiment de mal et produira les conséquences à cet effet, peu importe la solution appliquée. Elle causera encore plus de problème dans vos sentiments ou ceux des autres, car le sentiment mal que vous avez est le produit d'une réaction à partir d'un autre sentiment mal (de vous ou des autres).

Vous ne pouvez pas changer la réalité

Vous ne pouvez pas changer la réalité, vous ne pouvez que choisir une autre création afin de produire une autre conséquence dans votre réalité.

Cette réalité va se maintenir en place aussi longtemps qu'une autre force contraire ou créative va la transformer.

Observez attentivement votre réalité. Si les évènements vous blessent ou si les gens vous blessent, alors immédiatement, vous en concluez que vous devez les changer, car vous croyez que vous êtes des victimes et eux de méchantes personnes.

Pourtant, vous n'avez aucun contrôle sur les autres et il est bien plus facile de se changer que de changer les autres.

Par contre, nous voulons presque tous changer les autres et cela provoque des conflits, car nous ne respectons pas la volonté des autres.

Ainsi, vous utilisez la relation pour obtenir quelque chose, au lieu de l'utiliser afin de créer quelque chose qui va transformer votre sentiment et votre réalité.

Vous pouvez vous savoir gentil, mais si vous ne faites pas une action de gentillesse à quelqu'un, alors vous ne connaissez pas véritablement la gentillesse et la joie que procure cette réalisation.

Par exemple, vous blessez quelqu'un dans ses sentiments ou bien quelqu'un vous a blessé. Tout cela va durer dans votre mémoire de l'esprit et votre mémoire de l'âme aussi longtemps qu'une force contraire ou une nouvelle création transforme cette réalité.

Vous devez créer consciemment du bien-être à l'autre en utilisant cette blessure comme référence. Et en créant un sentiment de bien à l'autre, vous vous sentez bien et ainsi ne pas avoir l'impression de le faire uniquement pour l'autre, mais également pour vous.

En fait, vous vous incluez parmi les gens en qui vous faites du bien. Mieux, vous vous donnez la première place, vous ne vous oubliez pas.

Cela peut paraître contradictoire aux yeux des valeurs de votre société qui dit que le plus grand amour est de tout donner à l'autre. Mais cela est faux.

Tout donner à l'autre, tout pardonner à l'autre, laisse une place à l'abus. Mais en vous aimant d'abord, alors vous pouvez aimer l'autre autant que vous-même.

Nier votre vérité inconsciemment

Ce qui est vrai n'est pas ce que vous pensez, mais ce que vous êtes à chaque instant. Ainsi votre vérité change continuellement et celle des autres aussi.

La réalité est ce que vous voyez, mais cela est une illusion qui paraît vraie, c'est une conséquence provenant d'un processus de création.

Un sentiment est une vérité ainsi qu'un état d'être. Un problème est une vérité tandis qu'une solution est une idée, donc n'est pas une vérité actuellement.

Pour la plupart des gens, ce qui est vrai pour eux est ce qu'ils savent. Ainsi, tout ce qui est nouveau, différent est étiqueté « faux », dès le commencement et ainsi contredire, argumenter continuellement.

Les définitions concernant la vérité sont toutes fausses et contradictoires, car elles mettent l'importance sur des idées, des croyances qui sont tous du domaine du passé connu, voilà l'erreur.

Comme si quelqu'un détenait la vérité des autres et la fixer dans le temps passé, dans une certitude.

Tout cela n'a fait que de compliquer quelque chose de pourtant bien simple à comprendre, mais les gens instruits ont toujours cherché à se croire supérieur dans leur connaissance au lieu de voir leur propre vérité et l'accepter.

Acceptez la vie telle qu'elle est

Ce qui est, c'est votre sentiment présent ainsi que la réalité présente, donc la situation présente qui est observable à l'extérieur de vous ainsi qu'à l'intérieur de vous.

Mais dès que vous pensez à cette situation, alors vous n'êtes pas attentif à ce qui est, mais à ce qui devrait être, donc un connu qui a été.

Pour la plupart des gens, « vrai » est une affirmation de ce que nous connaissons déjà, de ce que nous croyons, donc quelque chose de connu, de passé et de confortable.

Ainsi, tout ce que nous ne connaissons pas, que nous ne croyons pas, d'inconnu, est automatiquement jugé de « faux », nous le nions, nous ne l'acceptons pas.

Par conséquent, la raison ne peut pas concevoir ni comprendre ce qui est nouveau ni l'accepter. Elle cherchera continuellement à avoir raison, à vouloir gagner, parce qu'elle a peur de perdre la face, de se tromper, de dire la vérité, quand elle ne connaît pas quelque chose.

Pourquoi est-ce ainsi ?

On vous a éduqué à vivre dans la peur, de la survie du plus fort, de la victoire du plus puissant et du succès du plus rusé, d'être à la hauteur.

Jamais on vous a enseigné la grandeur des gens conscients et aimables ainsi que la gloire des gens qui ne cherchent pas la reconnaissance, la popularité des autres.

Ainsi, vous désirez être supérieur aux autres, le plus fort, le plus puissant, le plus rusé, le meilleur, être à la hauteur, et si n'êtes pas à la hauteur dans une quelconque situation, alors vous avez peur, car on vous a dit que les inférieurs étaient des perdants.

Acceptez la vie telle qu'elle est et votre bonheur est déjà en route

Comment pouvez-vous sentir ce qui vous fait du bien, si vous n'acceptez pas ce qui vous fait du mal ?

En d'autres termes, pouvez-vous connaître l'existence du bien, si tout est bien ?

Pouvez-vous connaître la lumière en l'absence de l'obscurité ?

Par conséquent, ce qui définit quelque chose est ce que cette chose n'est pas. Ce qui vous définit est ce que vous n'êtes pas.

Pourquoi alors le nier en fuyant et ainsi ne jamais avoir l'opportunité de vous connaître, de vous comprendre, de vous aimer ?

De choisir consciemment de vous aimer en acceptant une part de vous qui doit exister afin d'avoir un choix possible !

Lorsque vous vous dites que vous allez vous aimer, est-ce que cela ne démontre pas une vérité simple, que vous ne vous aimez pas actuellement ?

S'aimer, c'est être conscient de soi et du processus d'évolution de soi.

Et cette conscience entre en existence, quand vous acceptez qui vous n'êtes pas.

Accepter ne veut pas dire de demeurer ainsi

Accepter la réalité et votre sentiment, car ils sont des résultats d'un processus de création ou d'imitation qui a produit ces résultats.

L'inconscience des gens est démontrée par leur importance aux résultats et leur insouciance dans le processus qui crée les résultats, donc eux-mêmes.

Vous n'êtes pas un résultat, vous êtes ce qui crée les résultats. Vous êtes donc, un processus en cours.

Mais si vous n'êtes pas conscient, alors vous réagissez à partir des résultats et vous n'agissez pas à partir d'un processus de création consciente, donc à partir de votre état d'être en toute conscience.

Ainsi, vous pouvez transformer immédiatement votre vérité, votre sentiment, mais vous ne pouvez pas changer la réalité physique immédiatement.

Acceptez votre sentiment de mal et la guérison se fait sans effort ni lutte

Lorsque vous vivez un sentiment inconfortable, il y a une chose importante à faire et c'est de ne rien faire, mais l'accepter tel qu'il est.

C'est alors, que pourrait entrer en existence, dans votre esprit et dans votre âme, un nouvel état d'être sans le désirer.

Quand vous vivez un sentiment inconfortable, il suffit bien souvent que de l'accepter tel qu'il est afin de se guérir de cet état d'être.

Accepter ce qui est, c'est aussi accepter que vous niez ce qui est, car si vous le niez, alors vous continuer à le revivre.

C'est l'acceptation de la vérité qui libère et non les efforts qu'on fait pour se libérer.

Si vous vous demandez « comment faire », alors vous utilisez votre pensée, qui elle est habituée à nier, à juger, et alors, vous n'observez pas ce qui est en premier, vous désirez fuir ce qui est, car il est inconfortable.

Le comment faire, c'est désirer (ce que vous devriez faire pour être confortable).

Par contre, être conscient, c'est choisir d'observer, accepter et comprendre ce qui est maintenant, puis ensuite de décider entre deux processus afin de créer et réaliser quelque chose, selon votre intention.

Réagir, c'est vouloir faire une chose sans être d'abord conscient d'observer, d'accepter ni de comprendre.

Comprendre ce qui a créé votre situation

Le but de la vie ou votre raison d'être est de créer qui vous êtes au moyen du pouvoir que vous avez à la naissance.

De créer des états d'être afin de vous connaître comme créateur, peu importe ce que vous faites.

Si vous croyez que votre vie est centrée uniquement sur le faire pour avoir, alors vous ne comprenez pas votre raison d'être.

Vous n'êtes pas des « faires humains », mais bien des « êtres humains » et encore bien moins, des « avoirs humains »...

Faire est une fonction du corps tandis qu'être est une fonction de l'âme. Votre corps n'est que l'outil de votre âme et votre esprit est la force qui anime votre corps.

Ainsi, ce que vous avez ici est un outil puissant, utilisé dans la création du désir de l'âme ou bien contre elle, ce que l'ego est en l'absence de conscience de vos états d'être.

Quel est le désir de l'âme ?

Se reconnaître au moyen des sentiments d'être provenant de la création consciente, donc de la création par choix libre.

L'âme est liberté et par conséquent, elle n'imposera jamais son désir à l'esprit. Elle recherche ce moment grandiose où l'esprit prendra conscience d'elle et s'unira avec elle et le corps dans la joie de la création.

Vous n'êtes pas venu en ce monde pour produire quelque chose avec votre corps. Vous êtes ici pour produire quelque chose avec votre âme et non contre elle en toute inconscience.

Et cette inconscience est nécessaire afin d'avoir un choix d'être entre l'inconscient et le conscient. Plus vous êtes conscient de qui vous êtes et plus vous vous rappelez qui vous êtes.

L'inconscient se produit par processus d'imitation, par l'obéissance, la négation de soi et le jugement, car ils empêchent la conscience et la liberté de choisir en contrôlant l'esprit à suivre une seule voie déjà tracée par les prédécesseurs inconscients d'eux.

Pour créer qui vous êtes, vous devez avant tout être conscient de qui vous n'êtes pas afin d'avoir un choix entre ce que vous n'êtes pas et ce que vous choisissez d'être. Le sentiment inconfortable est ce que vous n'êtes pas.

Le processus conscient ou inconscient de la création

Lorsque vous n'êtes pas conscient de votre état d'être, alors vous utilisez inconsciemment un processus inconscient d'imitation, une réaction déjà connue qui recrée la même situation ou réalité, même si vous ne la désirez pas.

Par conséquent, lorsque vous vivez un problème, il serait sage de ne pas réagir inconsciemment à partir d'un état malheureux et ainsi reproduire le connu qui vous fait souffrir et fait souffrir les autres.

Et lorsque les autres souffrent, ils réagissent comme vous en cherchant à blesser, à se venger, à détruire ou à détester l'autre.

Vous croyez que le verbe « faire » est au centre de votre vie et vous oubliez le verbe « être », qui lui lance toujours le processus de la création, peu importe votre conscience ou non à ce sujet.

Si vous débutez dans un état de « mal », alors vous allez créer inconsciemment des problèmes, des malaises et si vous débutez par un état de « bien », alors vous allez créer consciemment du bien-être.

Si vous pensez que vous êtes bien, alors vous allez vous tromper, car l'idée n'est pas le sentiment.

Décidez ce que vous choisissez d'être

Cette première section, celle de choisir votre état d'être, vous amène à prendre conscience d'un processus de décision qui précède toute création à faire, mais sans cette conscience de vous, de votre être, de votre âme, alors vous n'avez pas de choix et vous réagissez sans conscience, sans aucune préférence de choix d'être.

Une réaction est une décision inconsciente qui oublie votre âme ou état d'être. C'est une absence de choix.

Tous vos problèmes personnels et de relation sont des résultats que vous n'avez pas été attentif à votre état d'être ainsi que celui de l'autre, et ainsi créer des conséquences naturelles qui dans presque tous les cas, vous font croire que ce sont les autres qui vous ont fait ça.

Vous êtes un créateur d'une puissance grandiose, mais vos parents, enseignants, adultes, leaders, bien intentionnés mais mal informés et inconscients d'eux, vous ont imposé leur volonté au moyen de l'obéissance, la peur et la culpabilité.

Cela a produit en vous, cette habitude inconscience ou croyance profonde, de réagir au lieu de choisir d'abord un état d'être.

Puis, lorsque vous devenez adulte, vous répétez les mêmes comportements que vos prédécesseurs en toute inconscience.

La réaction est une imitation dictée tandis que la création est un pur choix non dicté.

Vous avez le sentiment que vous êtes obligé de faire quelque chose au lieu de choisir avant tout d'être bien avant de faire quelque chose.

Si vous vous sentez obligé, alors vous obligez les autres à être ainsi sans vous en rendre compte, créant alors des relations dépourvues d'amour, de justice et de bienveillance.

Ne fuyez pas vos problèmes

Est-ce que vous croyez qu'un problème personnel ou de relation se solutionne en faisant quelque chose afin d'être heureux, être en paix ou être libre ?

Dans ce processus, êtes-vous conscient de votre état d'être ou bien vous le fuyez par habitude, sans vous en rendre compte ?

Mais avez-vous déjà expérimenté le fait d'être bien d'abord, être en paix ou être libre et ensuite de créer quelque chose ?

Probablement jamais et assurément, que cela est impossible, car on vous a conditionné l'esprit à aller à l'extérieur de vous et ainsi oublier votre pouvoir de création.

En fait, on va toujours en manque vers l'extérieur.

Pourquoi ne pas accepter et aimer vos problèmes ?

Comment pouvez-vous grandir en conscience, si vous évitez de vous comprendre et vous connaître en fuyant vos problèmes personnels et de relation ?

Vous êtes vos problèmes et ils ne sont pas séparés de vous.

Si vous n'aimez pas vos problèmes, votre sentiment intérieur, alors vous dites ne pas vous aimer. Voilà la sagesse qui importe de connaître à votre sujet.

La cause a un problème personnel et relationnel est toujours, toujours en nous, car nous sommes les créateurs de nos vies.

Évidemment, parce que nous ne sommes pas conscients de la cause d'où cela a pris naissance, alors nous croyons que ce sont les autres qui nous ont fait cela.

Cette cause est un état d'être que vous n'êtes pas et qui crée des divisions dans vos relations.

En fait, le temps entre la cause (être) et l'effet (la situation) a créé intentionnellement l'oublie de soi en tant que créateur afin de pouvoir se reconnaître comme créateur selon un acte de volonté consciente.

Comment avez-vous créé cette habitude de fuir ?

Toute votre vie, vous avez fait quelque chose afin d'être heureux et voir les résultats, il y a manifestement quelque chose qui ne fonctionne pas. Vous passez d'une vitrine agréable à une autre concernant vos solutions en fonction d'un désir recherché, d'une satisfaction agréable.

Ce désir est constamment changé, ce qui permet de voir que ces solutions sont toutes temporaires en vous séduisant, en vous donnant un plaisir immédiat qui ne dure pas.

Ainsi, ce mouvement répétitif crée à votre insu, une habitude inconsciente de vous faire croire que les solutions à vos problèmes sont toujours à l'extérieur de vous. Dans un résultat qui vous apporte une satisfaction.

Mais qui a un intérêt à ce que cela continue ainsi ?

Qui a instauré ce processus d'imitation ?

En fait, ce sont les systèmes organisés qui vous ont conditionné l'esprit à solutionner vos problèmes de cette façon. Vous imitez sans vous en rendre compte.

Pourquoi refusez-vous de vous voir tel que vous êtes ?

Presque tout le monde sur cette planète évite de se voir tels qu'ils sont en cherchant à devenir ce qu'ils devraient être, ce que la société voudrait que vous soyez. Observez et vous verrez très bien ce fait.

Presque tout le monde sur cette planète connaît tout de la vie, sauf de la leur. Observez et vous verrez très bien ce fait.

Par conséquent, ils solutionnent leur problème en mettant l'importance sur les accomplissements à faire afin d'être.

Au lieu d'accepter et de choisir ce qu'ils aimeraient être et ensuite d'expérimenter une nouvelle façon d'être ou création en relation avec les autres.

Combien de façons, de solutions ou de réactions, les humains ont inventé pour fuir leur responsabilité concernant leurs problèmes ? Au lieu de les accepter et ainsi les comprendre, se comprendre, car le problème est vous, et vous ne faites qu'un.

Voici quelques-unes des réactions pour fuir qui vous êtes, fuir vos problèmes et ainsi vous oublier :

- Vous les fuyez, quand justement, vous cherchez de l'aide extérieure à vous ;
- Vous les fuyez, quand vous appliquez une solution sans vous comprendre d'abord ;
- Vous les fuyez, quand vous niez et déclarez leur absence ;
- Vous les fuyez, quand vous ne vous acceptez pas tel que vous êtes, mais selon ce que vous devriez être ;

- Vous les fuyez, quand vous n'avez pas l'intention de les comprendre et d'être responsable de les avoir créés inconsciemment ;

- Vous les fuyez, quand vous réagissez immédiatement en désirant une sensation contraire, sans aimer le sentiment présent qui est inconfortable ;

- Vous les fuyez, quand vous n'observez pas qu'ils sont des opportunités de création pour choisir d'être une version plus magnifique, plus grandiose de vous ;

- Vous les fuyez, quand vous les jugez de mal ;

- Vous les fuyez, quand vous dites que le temps va arranger les choses ;

- Vous les fuyez, quand vous cherchez à changer les évènements et les gens où vous n'avez aucun contrôle ;

- Vous les fuyez, quand vous accusez les autres de vos malheurs.

Fuir est une réaction d'une personne qui a peur et si vous observez attentivement, vous verrez que leur processus est de « faire » quelque chose afin d'enlever cette souffrance pour être heureux.

Vous êtes contre l'univers, au lieu d'être en harmonie.

Ainsi, vous cherchez des solutions à faire qui corrige une situation sans transformer le processus en cause.

Vous êtes endormis par les plaisirs qui vous apportent une satisfaction rapide, une drogue temporaire. Et plus vous utilisez ce processus et plus vous créez une profonde habitude, une croyance, une pensée racine, qui vous endort dans l'inconscience.

Quand une solution ne fonctionne pas, alors vous passez à une autre vitrine plus séduisante et puis une autre et ensuite une autre. Démontrant une vérité importante : Que ces solutions ne sont que correctives et temporaires, et que le problème est toujours présent, quoi que vous fassiez !

LE PROCESSUS
DE LA CRÉATION

Être ne suffit pas, il faut expérimenter la création

Dans la première section, vous avez pris conscience qu'en observant, en acceptant et en comprenant votre sentiment inconfortable par rapport à quelqu'un ou quelque chose, alors il arrive à sa fin et entre en existence, un autre état d'être calme et paisible qui vous apporte un choix d'être, et ainsi prendre une décision consciente.

À cet instant, vous êtes bien, mais vous ne pouvez pas sentir la joie de la création, si vous demeurez dans cette situation et ne faites rien.

Cet état d'être est spirituel et sans l'état expérientiel, donc le « faire », alors vous ne pouvez pas sentir votre grandeur, votre fierté, votre estime de soi au travers votre pouvoir de création. En d'autres termes, vous n'évoluez pas en conscience de vous-même.

Cette deuxième section, celle du processus de la création consciente, vous permet de transformer votre vie, votre état d'être, et de transformer votre réalité.

Prier, supplier, attendre, demander, s'en remettre à Dieu ou au hasard, ne sont que des habitudes apprises de compter sur les autres.

Si vous croyez que vous n'avez rien à expérimenter, alors vous ne comprenez qui vous êtes ainsi que votre pouvoir de création.

Vous devez prendre conscience de vous et utiliser votre pouvoir afin de créer la vie qui vous intéresse et vous libérer des problèmes personnels ou de relation.

La motivation est le moteur de la création !

Pour initier toute création, vous devez avoir en vous une intention, donc une motivation propre à vous.

La véritable motivation est celle qui est vraie pour vous, donc à partir de votre état d'être que vous décidez de choisir en toute conscience.

Tout autre motivation est fausse, car si le choix ne vient pas de vous, alors d'où vient-il ?

Si vous connaissez une fin, donc un rêve comme bien des gens croient concernant la motivation, alors elle vient d'une idée et non d'une vérité.

Parce que les gens ne sont pas conscients de leur état d'être, alors ils croient au pouvoir du « rêve » comme motivation.

L'absence de choix d'être est donc imposée par l'imitation des autres, qui ont produit dans votre esprit, cette fausse motivation que vous croyez vraie.

L'intention est à la fois, un état d'être présent dans votre âme et un désir dans votre esprit d'expérimenter quelque chose qui vous fait du bien. Donc une vérité concernant un état d'être et une idée de création.

Ainsi, vous ne faites pas quelque chose afin d'être heureux ou tout autre état d'être, vous choisissez d'être heureux d'abord, puis vous faites quelque chose à partir de cet état de bien en toute conscience.

Quand vous êtes conscient de votre état d'être, votre motif d'action est une intention libre, donc une action nouvelle, créative. Quand vous n'êtes pas conscient de votre état d'être, votre motif d'action est une croyance imposée, donc une réaction imitative.

Observez-vous, et vous découvrirez qu'à chaque fois où vous avez eu la liberté de choisir, alors votre action s'est initiée avec confiance sans connaître le résultat visé.

Observez-vous, et vous découvrirez qu'à chaque fois où vous avez été imposé à croire à une idée ou un rêve connu, votre action s'est initiée dans la méfiance.

Un problème n'est ni bien ni mal, il lance la création

Votre situation ou votre problème actuel et une occasion magnifique pour choisir et créer la vie que vous désirez à partir d'un état d'être.

Que vous soyez riche ou pauvre, instruit ou non, noir ou blanc, employé ou entrepreneur, jeune ou vieux, homme ou femme, etc., tout le monde désire la même chose.

Vous désirez avoir de l'amour, de l'amitié, de l'argent, du bonheur, de la sécurité, un travail, une famille, la liberté, la paix, etc.

Mais lorsque vous vivez un problème de couple, familial ou amoureux, que vous avez un problème d'emploi, de travail ou financier, que vous éprouvez un sentiment inconfortable, un état d'être malheureux ou une émotion inquiétante, alors vous cherchez des solutions réactives pour enlever cette souffrance au lieu de la comprendre et ainsi vous en libérer d'une façon joyeuse et permanente.

De vous libérer des croyances qui vous empêchent de choisir d'être autre chose.

Si vous observez attentivement tous les problèmes de la vie, vous n'aurez aucune difficulté à saisir une vérité bien simple, qu'ils sont presque tous des problèmes en relation avec les gens.

Être, c'est être en relation, car sans la relation, sans aucun être humaine sur la planète, comment pourriez-vous vivre des états d'être ?

Tout problème est une occasion de créer un grand bonheur, quand vous l'utilisez, non pas pour vous nuire ou nuire à quelqu'un, mais pour apporter du bien-être à quelqu'un et par conséquent, à vous-même.

Les problèmes sont des opportunités, des occasions pour choisir et créer une vie magnifique et grandiose, mais si vous en n'êtes pas conscient, alors ils vous apparaîtront comme quelque chose de mauvais, de détestable et d'inutile.

Vous devez prendre conscience des secrets qui se cachent en arrière de vos problèmes.

Vous avez le pouvoir de la création, car vous êtes ce pouvoir. Vous ne pouvez pas ne pas l'être, mais vous pouvez l'avoir oublié par l'obéissance, la peur et la culpabilité provenant des autres qui ont aussi oublié leur pouvoir par les systèmes organisés qui contrôlent les êtres humains à devenir des imitateurs pour la satisfaction de ceux au pouvoir.

Découvrez le cadeau qui se cache dans votre problème

Trouvez-vous que les problèmes sont des situations qui ne devraient pas exister ?

Vous n'êtes pas seul dans cette situation, car tous les êtres humains sont au prise avec de nombreux problèmes, mais si vous les abordez en les niant, les jugeant ou en les qualifiant de mauvais, d'inutiles et de détestables, alors vous vivrez votre vie dans la peur et l'inquiétude.

Heureusement, il existe depuis toujours, une différente approche oubliée qui vous permet de les aimer et découvrir les cadeaux qu'ils renferment.

Pouvez-vous apprécier vos problèmes ?

Nous tous avons été éduqués à fuir nos problèmes, à ne pas les aimer ni connaître leur raison d'être. Il n'est donc pas surprenant de les qualifier de mauvaise chose et ainsi avoir peur d'en vivre.

Cette peur de vivre des problèmes nous pousse inconsciemment à rechercher la sécurité et le confort, et par conséquent, vivre dans une forme de routine et d'imitation sans aucune création nouvelle.

Ce manque de création est néfaste pour nous, car nous cherchons à revivre les mêmes expériences en simplement changeant les objets du désir, mais en gardant les mêmes désirs connus qui apportent des satisfactions temporaires de courte durée.

La monotonie de revivre le connu confortable

Lorsque vous connaissez l'objectif connu de votre désir, alors vous vous attendez à un résultat particulier, qui est la source de tous les problèmes, lorsque vous n'arrivez pas à l'obtenir des autres ou de vous-mêmes.

La joie n'est pas dans un résultat connu, mais dans un résultat inconnu à partir d'un problème inconfortable que vous avez surmonté en utilisant votre pouvoir de création et ainsi sentir votre fierté, votre joie de réussir.

Ainsi, les problèmes sont des opportunités de création afin de sentir en vous, votre grandeur et ainsi vous connaître vous-même.

Sans les problèmes, comment pouvez-vous apprécier qui vous êtes et qui vous choisissez d'être ?

Comment pouvez-vous sentir la très grande joie et la fierté d'avoir réalisé quelque chose à partir d'un problème que vous vivez personnellement ou en relation avec les autres ?

Votre sentiment mal est un problème et vous êtes ce sentiment

Vous savez parfaitement, quand vous avez un problème et vous n'avez pas besoin de personne pour comprendre cela.

Il suffit d'observer comment vous vous sentez par rapport à quelqu'un ou quelque chose dans votre réalité.

Votre sentiment intérieur est votre propre vérité d'être bien ou d'être mal tandis que votre réalité extérieure est une observation physique mesurable, une preuve matérielle d'une réalisation.

C'est en acceptant votre problème et en vous comprenant comme étant la source de toute création, de toute joie, de toute estime de soi, de toute confiance en soi, que vous prenez conscience des habitudes des gens et de vous-même, à les fuir et ainsi ne jamais vous aimer, vous apprécier ni vous connaître de façon consciente.

Qui est la cause de votre problème ?

Les problèmes se produisent, quand votre réaction est de nier ou porter un jugement sur votre vérité intérieure ou sentiment et votre réalité extérieure.

Cette réaction vous a été transmise par habitude en toute inconscience.

Avez-vous observé que vous portez un jugement de mal concernant un problème ou un jugement de bien concernant un confort ?

Et pourtant, les deux ne sont que des résultats et vous avez le pouvoir de transformer les résultats au moyen du processus de la création.

Vous êtes ce processus, mais vous êtes comme hypnotisé aux résultats de ce processus qui se nomme la réalité. C'est le processus qui créé la réalité et non la réalité qui crée la réalité.

Mais qu'arriverait-il si vous ne portiez pas de jugement, mais que vous auriez une différente perception et compréhension de la vérité et de la réalité ?

Les problèmes sont des résultats malheureux d'une création

Comprenez que les problèmes sont des conséquences malheureuses que vous avez créées sans vous en rendre compte afin de pouvoir avoir l'opportunité de faire un nouveau choix, car le dernier que vous avez pris à ce sujet, n'a pas fonctionné pour votre propre bonheur ou celui des autres.

Vous pouvez prétendre que ce sont les autres qui vous ont blessé, mais quelque part dans une relation, vous avez dit ou fait quelque chose qui a blessé l'autre ou tenté de contrôler sa nature et il réagit à votre provocation.

Évidemment, les autres peuvent aussi provoquer un conflit, mais vous êtes quand même, le responsable d'avoir créé votre sentiment.

Par conséquent, quand vous vous sentez mal, c'est que vous avez fait une erreur de pensée qui a produit ce résultat.

Les bien-être sont des conséquences heureuses d'une création

Sans les problèmes et les conséquences malheureuses, jamais vous ne pourriez avoir un choix entre cela et autre chose. Cet « autre chose » est le bien-être.

Si tout le monde vivait heureux, comment sentir et connaître le bien-être en l'absence du manque de bien-être ? Il faut un état contraire pour cela et les problèmes malheureux en sont l'opportunité.

Par conséquent, vous ne pouvez pas « toujours » être heureux sinon vous ne le seriez jamais. Donc, au lieu de juger de mal votre état malheureux ou problème, pourquoi ne pas l'accepter et le comprendre, puis de faire entrer en existence un autre état d'être calme et ensuite choisir de créer quelque chose à partir de cet état heureux ?

Il n'est pas nécessaire de faire l'expérience du malheur, mais simplement d'en prendre conscience. Mais nous ne pouvons pas en prendre conscience, car nous jugeons les malheurs ou les problèmes et ainsi les faire exister avec plus de force, car le jugement empêche la naissance d'un autre choix d'être.

Il garde en place le connu, car il n'accepte pas d'autres possibilités. C'est la raison d'être du jugement.

Comme vous évitez et fuyez vos malheurs, alors vous ne pouvez pas les comprendre et ainsi vous en libérer consciemment. Vous recréez vos malheurs, sans vous en rendre compte, en évitant d'accepter votre vérité, votre sentiment que vous avez créé.

Par conséquent, les problèmes sont l'énergie vitale qui lance le moteur de la création et non l'esprit.

L'esprit est la fonction de vous qui prend une décision à partir de votre sentiment ou en oubliant votre sentiment, quand vous n'êtes pas conscient de votre état d'être, donc quand vous jugez ou niez « ce qui est » dans votre réalité ou votre sentiment.

Quels sont les types de cadeaux qui vous intéressent ?

Lorsque vous savez d'avance, ce que vous aurez comme cadeau de Noël, alors vous vous attendez à recevoir cela et jamais vous ne sentirez la joie de recevoir une surprise. Comment est votre sentiment ?

Lorsque vous savez d'avance ce que vous aurez comme cadeau de Noël, mais en ouvrant votre cadeau, c'est autre chose ou bien aucun cadeau. Comment est votre sentiment ?

Lorsque vous n'avez aucune attente ni espoir de recevoir un cadeau à Noël ou selon d'autres occasions et que vous recevez quelque chose d'inattendu et de surprenant. Comment est votre sentiment ?

Finalement, lorsque vous vivez votre vie en cherchant à reproduire continuellement de la sécurité, du confort, donc du connu sans aucune nouvelle expérience. Comment est votre sentiment ?

Êtes-vous conscient qu'une puissante drogue vous a engourdi l'âme au point d'oublier totalement vos sentiments ?

Je ne dis pas que la sécurité est mal, mais ce que je vous dis est que la peur de vivre des problèmes vous pousse à croire que la sécurité est un idéal élevé, au lieu de voir que c'est une absence de création et une absence de joie.

Le cadeau qui se cache dans un problème est tout simplement l'opportunité de créer votre propre bonheur, selon vous et non selon les autres !

Et en l'expérimentant, vous prenez conscience que vous n'avez pas besoin de l'amour des autres pour être heureux et par conséquent, l'amour peut circuler librement dans vos relations, car vous savez que vous êtes la source en l'offrant aux autres, qui à leur tour, sont dans un bien-être qui les poussent librement à vous le redonner.

Par ailleurs, si vous êtes conscient d'être la source de ce bien-être dans vos relations et que l'autre continue, sans s'en rendre compte, à vous juger, à vous blesser ou vous nier, alors vous permettez à l'abus de continuer.

Cette personne est probablement habituée depuis très longtemps, à recevoir et à abuser des autres.

À cet instant, que choisissez-vous ? De continuer l'abus ou d'y mettre fin ? De vous aimer ou de vous détester ?

Croyez-vous qu'une discussion à ce sujet va apporter une prise de conscience à l'autre ?

Dans certains cas, vous devez décider sans égard ce que les autres vivront, car les sentiments inconfortables sont d'excellentes opportunités pour réveiller les gens les plus endormis !

C'est dans ce genre de décision que vous évoluez en conscience, car vous n'avez pas de référence.

Comment alors décider ce qui est bien pour vous ?

En vérité, ce qui est bien pour vous est ce qui est vrai pour vous. Et ce qui est vrai est votre sentiment.

Comment choisir vos expériences créatives ?

Les problèmes que vous vivez avec les gens proches de vous sont les plus grandes opportunités pour vous afin de choisir consciemment, votre état d'être, puis de créer l'expérience joyeuse en offrant aux autres, ce que vous aimeriez avoir pour vous.

Ce qui compte est de commencer à créer du bien-être aux gens les plus proches de vous et cette personne est vous-même en relation avec vos proches.

Ensuite vous pouvez augmenter votre rayonnement plus loin.

Lorsque vous ferez de plus en plus ces expériences, alors votre conscience de vous évoluera.

Mais avant de créer quoique ce soit, vous devez prendre conscience de ce qu'est la foi ou la connaissance intuitive, car nous sommes remplis de doute.

Il nous est impossible de penser, de parler et de faire une chose à laquelle nous ne croyons pas vraiment. Par conséquent, le processus de création comprend la foi ou la connaissance absolue.

Est-ce que la foi aux autres a détruit votre confiance ?

N'êtes-vous pas craintif et dans le doute lorsque vient le temps de créer ou de faire quelque chose de nouveau ?

Avez-vous perdu toute joie en vivant dans la peur de ne pas être à la hauteur au devant des autres et ainsi avoir peur d'être étiqueté comme un perdant, un être inférieur qui fait des erreurs ?

Qui n'a jamais subit le détestable jugement des autres et se sentir coupable d'avoir agi librement afin de produire une nouvelle réalité concernant ce que vous croyez bien pour vous et l'autre ?

Vous n'êtes pas seul dans cette situation et si vous observez avec attention, alors vous découvrirez que nous avons perdu toute confiance en soi en donnant une foi aveugle aux autres.

Par bonheur, vous pouvez retrouver votre confiance afin de créer la vie qui vous intéresse, selon vous et non selon ceux au pouvoir, qui ne cherchent qu'à l'exercer pour accumuler des richesses au dépend d'autrui.

Les systèmes organisés sont la cause de toute perte de confiance en vous

Devez-vous vendre votre âme, perdre la foi en vous, douter de vous afin que les systèmes puissent avoir du succès et ainsi en dépendre, en avoir besoin ?

C'est en offrant ce que vous avez besoin, que les gens au pouvoir de ces systèmes peuvent vous contrôler à leur guise et ainsi s'enrichir sur votre dos.

Et comment cela se passe ?

Selon trois étapes bien simples :

1. Vous faire perdre la foi en vous-même

Cette première tâche apporte l'oublie de soi par la négation de qui vous êtes et du pouvoir que vous avez.

Si vous posez des questions, vous commencez à penser. Si vous pensez, vous commencez à revenir à votre source intérieure, votre connaissance intuitive, votre imagination, vos sentiments, vos vérités.

2. Vous faire voir qu'elle possède les réponses que vous n'avez pas.

Cette deuxième tâche est de créer en vous, une dépendance envers le besoin de ces systèmes afin d'être heureux ou survivre, et que ces systèmes possèdent les réponses que vous n'avez pas.

3. Vous faire accepter ses réponses sans poser de questions.

Cette troisième tâche est d'introduire en vous, une forme de culpabilité par le jugement, et ainsi vous punir ou vous faire peur, si vous essayez de comprendre autre chose et que vous arrivez à des conclusions différentes d'eux.

Vous devenez des copies conformes au service des gens qui dirigent ces systèmes politiques, religieux, économiques, éducatifs et sociaux.

Le doute est bien installé en vous et vous faites une confiance aveugle à des gens qui vous manipulent à leur avantage en disant que c'est pour votre bien.

Ce qui compte n'est pas d'élimer les systèmes, mais de modifier leur fondation en mettant l'importance sur la croissance des êtres humains et non la croissance des systèmes.

Ce que la foi n'est pas

La foi ou connaissance absolue n'a rien à voir avec les religions, bien que souvent, ces systèmes utilisent le mot « foi » pour créer la peur de Dieu dans l'esprit des gens afin de vous contrôler pour satisfaire leurs désirs égoïstes.

Ils vous contrôlent par la peur et le jugement. Si vous faites ce qu'ils ordonnent, alors vous faites le « bien », et si vous ne faites pas ce qu'ils ordonnent, alors vous faites le « mal ».

Et pour vous faire encore plus peur, si vous faites le mal, vous serez jugé et irez en enfer et si vous faites le bien, vous irez au paradis.

Ainsi, vous ne pouvez pas vous en sortir sur terre comme au ciel.

Vous croyez alors, que les autorités des systèmes possèdent quelque chose que vous n'avez pas afin de communiquer avec Dieu et qu'ils sont les seuls à pouvoir le faire.

Par conséquent, vous perdez votre foi en vous, votre confiance en croyant qu'eux seuls peuvent connaître la « vérité ».

De cette façon, vous passez votre vie dans la peur et la culpabilité, sans vous en rendre compte.

Tous les systèmes sont ainsi fondés en changeant de variantes punitives.

Qu'est-ce que la foi ou connaissance absolue ?

La foi ou la connaissance absolue est ce qui entre en existence, quand le doute est accepté et compris par rapport à quelque chose.

Quand vous ne faites plus confiance aux autres et quand vous n'avez plus foi aux autres.

Vous ne faites plus confiance aux paroles des autres, mais uniquement à leur façon d'être en relation avec les gens.

C'est terminé cette mascarade de mensonges pour vous faire peur et vous rendre coupable.

Vous observez parfaitement les intentions des gens au pouvoir, des gens ayant de l'autorité.

Comment la foi peut-être utile dans le processus de création ?

Il nous est impossible de penser, de parler et de faire une chose à laquelle nous ne croyons pas vraiment. Par conséquent, le processus de création comprend la foi, ou la connaissance absolue.

C'est le fait de savoir une certitude. C'est une intuition claire, une certitude totale, une acceptation complète de quelque chose en tant que réalité.

Cet espace de connaissance est un espace d'intense et d'incroyable gratitude. C'est le fait d'être reconnaissant à l'avance. Voilà, peut-être, la plus grande clé de la création consciente. D'être reconnaissant avant la création et pour elle.

Par conséquent, la prière adéquate n'est jamais une prière de supplication, mais une prière de gratitude.

Lorsque nous remercions Dieu à l'avance pour l'expérience que nous choisissons de faire dans notre réalité, en fait, nous reconnaissons qu'elle s'y trouve.

Ainsi, la gratitude est l'affirmation la plus puissante faite à Dieu. C'est une affirmation à laquelle Dieu a répondu avant même que nous demandons quelque chose.

Nous ne devons jamais supplier, mais apprécier.

La foi sans les actions n'est pas la foi

Ainsi, il est non seulement permis, mais encouragé, de prendre la chose pour acquise. C'est le signe infaillible de la maîtrise que tout est déjà accompli d'avance sans devoir faire une demande dans une prière.

En fait, nous ne recevons pas ce que nous demandons ni ce que nous voulons, car cette demande est l'affirmation d'un manque, et le fait de dire que nous voulons quelque chose ne sert qu'à produire cette expérience précise (le fait de vouloir) dans notre réalité.

En d'autres termes, vouloir ou demander, indique que nous ne désirons pas utiliser le processus de création, mais que nous sommes attachés uniquement aux résultats.

Mais qui va créer ces résultats ?

Dieu est l'observateur et non le créateur. Et Dieu demeure prêt à nous aider à vivre notre vie, mais pas de la façon dont nous pourrions nous attendre.

Le rôle de Dieu n'est pas de créer, ou de dé créer, les situations ou les conditions de notre vie. Dieu nous a créé à son image. Nous, nous avons créé le reste, grâce au pouvoir de création que Dieu nous a donné.

Dieu a créé le processus de la vie et la vie même, telle que nous la connaissons. Cependant, Dieu nous a donné le libre choix de faire ce que nous voulons de la vie.

Par conséquent, la foi est la certitude que tout ce qui nous arrive et tout ce que nous choisissons est pour notre propre bien-être afin de pouvoir choisir de créer consciemment, la vie qui nous intéresse.

Douter de soi, c'est ne pas avoir la foi en nous.

Les outils de la création

La vie n'est pas un processus de découverte ni une école pour apprendre des leçons, mais un processus de création.

Qui a reçu un enseignement pour connaître ses pouvoirs de création ? Y a-t-il autre chose que d'imiter nos prédécesseurs ou ces gens qui croient tout connaître de la vie, sauf la leur ?

Est-ce qu'en vieillissant, en suivant les autres, nous perdons toute joie qui nous habitait durant notre jeunesse ?

Ne vous en faites pas, beaucoup de gens sont comme vous et ont oublié d'utiliser les outils de création qu'ils ont reçus à la naissance afin de vivre une vie de choix.

Mais si vous continuez sur cette voie, alors vous êtes mort à 20 ans et on va nous enterrer à 85 ans...

L'âme indique d'abord son désir

Votre choix de création se présente d'une seule et unique façon : L'âme indique son désir d'être sans l'imposer à la partie consciente de votre esprit, car sa nature est la liberté afin de vous permettre de choisir ce que vous avez envie de créer ou de recréer.

- Consciemment selon le désir de l'âme ;
- Inconsciemment contre le désir de l'âme.

Ainsi, toute création vient de notre âme ou contre elle. C'est l'état d'être à partir d'une conscience ou d'une inconscience de son existence.

Êtes-vous conscient de votre âme avant de faire quelque chose ? Êtes vous conscient de votre sentiment actuel, car il est le langage de votre âme ?

Si ce que vous sentez est bien, cela est votre vérité concernant qui vous êtes, et créer à partir de cette vérité va produire des conséquences heureuses dans votre vie et celle des autres.

Si ce que vous sentez est mal, cela aussi est votre vérité concernant qui vous n'êtes pas, et créer à partir de cette vérité va produire des conséquences malheureuses dans votre vie et celle des autres.

Ce que vous sentez de mal doit exister, car en l'absence de cela, vous ne pouvez pas être conscient de ce que vous êtes par choix.

C'est en acceptant et en comprenant votre état de mal sans rien faire, qu'il arrive à sa fin et sans effort, l'autre état entre en existence pour ainsi choisir de créer votre bien-être, donc de vous libérer de vos malheurs.

Puis ensuite vient l'état de faire

Cela débute par la pensée, passe alors à la parole et s'accomplit par des actions.

L'expérience est complète lorsque vous utilisez ces trois outils de la création, car vous êtes en harmonie avec vous-même. Le résultat se nomme un sentiment d'être et est ce qui est vrai pour vous.

L'expérience est nouvelle lorsque la pensée, la parole et l'action sont nouvelles. Cela produit un sentiment nouveau que vous ne reconnaissez pas et permet une grande fierté et une grande évolution de votre conscience, de votre connaissance de soi.

LES 3 OUTILS DE LA CRÉATION

par Claude Lasanté

La vie n'est pas un processus de découverte ni une école pour apprendre des leçons, mais un processus de création.

TOUT DÉBUTE PAR L'ÂME

L'âme indique son désir d'être sans l'imposer à la partie consciente de votre esprit, car sa nature est la liberté de choix.

VOTRE POUVOIR DE CRÉATION

1 — Penser

Les pensées sont des idées formées provenant des énergies libérées selon un concept, un point de vue, une visualisation, une intuition ou imagination.

Tout ce que vous observez dans le monde physique, tout ce qui est réel, vient de la pensée de quelqu'un.

2 — Parler

Tout ce que vous dites ou écrivez est une pensée exprimée et envoie de l'énergie dans l'univers. Les paroles sont plus créatives que la pensée, car elles constituent un niveau plus élevé de celui de la pensée.

Elles dérangent et affectent vos relations avec plus d'influence.

3 — Agir

Les actions sont des paroles en mouvement, de l'énergie en mouvement. Pour produire une manifestation physique, vous devez mettre en action les pensées et les paroles.

L'action est un geste en relation avec les objets, les idées ou les gens.

ET L'EXPÉRIENCE SE TERMINE PAR L'ÂME

Votre âme cherche le sentiment et non la connaissance. Elle a déjà la connaissance intuitive, mais cette connaissance est conceptuelle tandis que le sentiment est expérientiel. L'âme veut sentir, se connaître au travers sa propre expérience, donc à partir d'un choix conscient et non d'une obéissance inconsciente.

Le premier outil de création est la pensée

Les pensées sont des idées formées provenant des énergies libérées selon un concept, un point de vue, une visualisation, une intuition ou imagination.

Tout ce que vous observez dans le monde physique, tout ce qui est réel, vient de la pensée de quelqu'un.

L'âme indique une vérité, un sentiment, mais elle n'impose pas son désir à la pensée, car sa nature est la liberté. Dans bien des cas, un sentiment inconfortable est indiqué, mais l'esprit réagit immédiatement, au lieu d'accepter, de comprendre et choisir un nouvel état d'être.

Par conséquent, nous vivons souvent les mêmes problèmes et nous refusons de croire que nous les avons créés, nous refusons l'entière responsabilité de notre pouvoir de création.

Rien n'existe, dans notre monde, qui n'a pas pris naissance à partir d'une forme de pensée pure. La pensée est le premier niveau de la création. Et cette pensée est, bien souvent, prisonnière de croyances profondes imposées par les autres.

C'est l'imagination qui permet de voir un processus de création en mouvement, mais nous avons été conditionnés à croire que la raison et la mémoire sont les plus hautes formes de pensée.

Rien n'est plus éloigné de la vérité !

En fait, la raison et la mémoire ne sont que du stockage de données, comme un disque dur d'ordinateur qui n'a aucun pouvoir de créer du neuf, mais de continuer la répétition du même passé connu.

Vous pouvez être, faire et avoir tout ce que vous imaginez

Toute création débute par la pensée créative. Cependant, si votre pensée provient de votre mémoire ou de votre raison, alors cette forme de pensée n'est pas créative, mais bien réactive ou répétitive d'un connu habituel.

Ce connu est ce qui vous maintient fermement dans la situation actuelle, sans aucune possibilité de transformation.

Il est simple maintenant de comprendre pourquoi les mêmes problèmes se perpétuent de génération en génération, que les gens vivent les mêmes problèmes et qu'un esprit remplit de connu ne peut pas comprendre ni accepter l'inconnu, le neuf.

Il comprend uniquement ce qu'il connaît.

Par conséquent, si vous n'aimez pas une situation quelconque dans votre vie, il serait sage de ne pas nier et d'observer sans jugement, cette différence pour ne pas recréer les mêmes situations.

L'importance d'imaginer le processus qui apporte des résultats

Si vous connaissez le résultat visé dans votre pensée de ce que vous désirez avoir, alors cela est une réalité déjà connue, donc votre mémoire passée.

Par conséquent, vous utilisez votre raison qui ne cherche qu'à refaire ce qu'elle connaît au moyen d'un processus d'imitation.

Vous allez recréer la même réalité monotone et sans joie, même celle que vous ne voulez pas.

Si vous ne connaissez pas le résultat visé dans votre pensée de ce que vous désirez avoir, donc une surprise inconnue, alors cela est quelque chose de nouveau que votre mémoire ne peut pas reconnaître.

Par conséquent, vous utilisez votre imagination qui ne cherche qu'à faire quelque chose de nouveau au moyen d'un processus de création.

Vous allez créer une nouvelle réalité dans la joie et les surprises inattendues.

Le deuxième outil de création est la parole

Le niveau suivant de la création est la parole. La grande part des pensées aboutisse par former des paroles écrites ou orales.

Par ce niveau supplémentaire d'énergie à la pensée, la parole écrite ou verbale est poussée, exprimée dans notre monde où elle peut être remarquée par les autres personnes.

Tout ce que vous dites ou écrivez est une pensée exprimée. Elle est créative et envoie de l'énergie créative dans l'univers. Les paroles sont plus créatives que la pensée, car elles constituent un niveau plus élevé, différent de celui de la pensée. Elles dérangent, changent et affectent vos relations avec plus d'influence.

Lorsque les paroles proviennent d'un esprit craintif, un esprit inconscient du désir de l'âme, un esprit qui a peur de perdre quelque chose, un esprit qui cherche le contrôle ou le pouvoir sur les gens, alors les paroles peuvent être blessantes et culpabilisantes.

La parole provoque des conséquences qui produisent l'union ou la division

Dans la création, la parole n'est pas pour ordonner aux autres de faire une chose ou de vouloir quelque chose d'eux, mais bien d'exprimer ses vérités et annoncer sa création choisie, le sens donné.

Cette parole créative est dans ce que je suis et ce que je fais, jamais dans ce que je veux ni dans ce que j'ordonne aux autres de faire ou ne pas faire.

Mais presque tous les gens sur cette planète cherchent le pouvoir sur les autres, cherchent à dominer l'autre, cherchent à contrôler l'autre, cherchent à faire agir l'autre à leur avantage.

Ils mentent constamment pour cacher leurs vérités et ainsi « bien paraître » au devant des autres.

Ils ne sont pas conscients de leur pouvoir de création et alors, ils utilisent la parole pour obliger l'autre, par la peur, la culpabilité et par la menace, à obtenir ce qu'ils veulent.

Les gens sont obsédés par le pouvoir de la parole, et oublient les autres outils de la création comme le choix d'être, l'imagination et l'action en relation avec l'autre.

Si ce genre de parole cause des choses désastreuses et conflictuelles dans notre monde, ne croyez-vous pas qu'à l'opposé, les paroles pourraient aussi provoquer des choses magnifiques et aimables pour le bien-être de tous ?

Le troisième outil de création est l'action

Pour produire un résultat, une manifestation matérielle ou physique, vous devez mettre en action les pensées et les paroles.

Tout autour de vous, dans le monde que l'homme a créé, est né ainsi, ou d'une variante. Les trois centres de création ont été utilisés.

Vous pouvez penser que vous êtes une personne aimable et le dire, mais sans geste aimable envers quelqu'un, vous n'avez que des connaissances non appliquées, donc aucune sagesse à ce sujet.

Le monde est remplit de ce type de gens qui cherchent à bien paraître avec les mots et non d'être vrais en pensée, parole et action.

Les actions sont des paroles en mouvement, donc de l'énergie en mouvement qui sont nos émotions en relation avec les objets, les idées ou les gens.

Sans la relation, nous ne pouvons terminer une véritable création et sentir la vérité en sentiment.

Agir de bonne foi dans vos relations

C'est en offrant sincèrement aux autres, ce que l'on choisit pour soi, que les actions sont productives, justes et aimables.

L'action est la dernière des trois étapes de la création et c'est au moyen de la relation, qu'elle transforme votre réalité et produit en vous et en l'autre, un sentiment de bien-être que vous nommez l'amour.

Si vous vivez un problème, dites-vous que cela est temporaire, que c'est une illusion pour vous faire prendre conscience d'un autre état d'être, de choisir le sens de l'expérience choisie et de l'expérimenter en pensée, parole et action afin de créer une nouvelle réalité et un nouveau sentiment.

La véritable raison d'être des relations

Les relations existent pour vous connaître au travers l'expérience et non de les utiliser pour obtenir vos besoins et vos satisfactions.

Et quand vous n'obtenez pas satisfaction, alors vous créez des problèmes qui vous reviennent, sans vous en rendre compte. Par conséquent, vous croyez que ce sont les autres qui vous causent du tort, que vous êtes une victime.

Vous utilisez les relations selon ce qu'elles ne sont pas au lieu de les utiliser pour offrir de vous-même, peu importe ce que vous faites.

Cela crée des conflits et des divisions, donc vous ignorez ou vous oubliez que cela n'est pas dans votre intérêt de contrôler ou manipuler les autres.

Voilà le choix que vous avez concernant les relations. Et si vous n'êtes pas conscient de vos états d'être, alors vous n'avez aucune conscience ni aucune importance concernant celle des autres.

Tout commence par vous, vraiment tout !

Ainsi, la plupart des gens sont inconscients concernant leur sentiment et leur état d'être, et alors ils utilisent les relations pour se faire aimer, se faire apprécier et se faire reconnaître sans s'en rendre compte.

Comme cela ne fonctionne pas, alors par habitude apprise, ils cherchent à faire des échanges, donc des conditions pour compenser, mais encore une fois, cela ne fonctionne pas pour corriger leur erreur.

En vérité, ils meurent d'envie de se faire aimer, car ils ne sont pas conscients que ce qu'ils cherchent, est déjà en eux, il suffit de l'offrir aux autres afin d'en prendre conscience.

C'est par le partage qu'on reçoit de plus en plus et non par l'accumulation ni par la peur d'en manquer. C'est en offrant aux autres ce que l'on veut pour soi, qu'on reçoit librement.

On ne peut pas perdre ce que l'on donne, mais on peut perdre ce que l'on conserve et accumule.

L'expérience complète est le sentiment

C'est lorsque vous créez consciemment en utilisant ces trois outils, que vous produisez une expérience complète et que vous vivez un nouveau sentiment avec une grande fierté.

Si vous créez quelque chose de nouveau, vous avez un nouveau sentiment que vous ne reconnaissez pas.

Si vous faites le choix de créer à nouveau quelque chose, donc de recréer, vous vivez la même expérience, mais sans avoir de nouveau sentiment, donc aucune évolution de votre être.

En vérité, votre âme cherche le sentiment et non la connaissance.

Elle a déjà la connaissance, mais cela est conceptuel tandis que le sentiment est expérientiel.

L'âme veut sentir, se connaître au travers sa propre expérience, donc à partir d'un choix conscient et non d'une obéissance inconsciente.

L'expérience incomplète n'est pas l'évolution consciente

Ainsi, ce que vous pensez, mais que vous ne parlez jamais, crée à un certain niveau très mitigé. Ce que vous pensez et parlez, crée à un autre niveau un peu plus élevé. Ce que vous pensez, dont vous parlez et que vous faites, se manifeste dans votre réalité.

Si vous ordonnez à une autre personne d'agir à votre place, comme c'est souvent le cas, alors vous ne pouvez pas évoluez en conscience, car votre expérience est incomplète dans ces trois énergies ou outils.

Par conséquent, le parent ou le patron qui oblige un autre à agir pour lui afin de réaliser quelque chose ne pourrait jamais sentir le fait d'être ni évoluer dans sa conscience.

Il en est de même pour une personne très éduquée, mais qui n'expérimente pas en action, la création complète.

Cela démontre l'absence d'évolution de sa conscience, car la peur ou le manque de confiance, bloque toute action. Et ce manque de confiance se démontre en demandant aux autres de le faire à sa place ou se justifier de ne pas le faire.

Comment une personne peut-elle savoir si ce qu'elle pense et dit apporte du bien dans ses relations, si au départ, cette personne ne valide pas sa propre expérience, son propre sentiment, au moyen d'action de sa part ?

Voilà une des raisons pourquoi nous vivons tellement de conflits, d'esclavage, de guerre, de domination.

Comme les gens sont remplis de désirs, alors pour compenser leur manque d'action, de confiance, de conscience, alors par habitude inconsciente, ils ont recours à la peur et la culpabilité pour faire réagir les autres en fonction de leurs désirs égoïstes.

Comment changer une habitude ?

La façon habituelle pour la plupart de nous est un processus en trois étapes impliquant la pensée, la parole et l'action.

Cependant, nos pensées profondes, donc nos croyances sont remplies de vieilles pensées qui viennent de nos prédécesseurs, de quelqu'un d'autre.

Il est d'une grande importance de changer d'idée à propos de certaines choses.

C'est cela l'évolution, car si les humains ne changent pas quelques-unes de leurs pensées profondes, alors l'humanité pourrait se condamner à l'extinction, à sa destruction.

Pour changer rapidement une pensée profonde ou une croyance inconsciente, vous devez inverser le processus pensée, parole et action.

Vous faites l'action en premier concernant ce que vous désirez avoir comme nouvelle pensée, puis ensuite de déclarer les paroles desquelles vous voulez la nouvelle pensée.

Si vous faites cela assez fréquemment, alors vous allez créer votre propre façon de penser plus rapidement.

La création est le véritable but de la vie

En vérité, vous ne faites pas quelque chose afin d'être heureux, vous êtes heureux d'abord et, par conséquent, vous faites quelque chose.

Vous ne faites pas quelque chose afin d'être libre, mais vous êtes libre et, par conséquent, vous agissez d'une certaine façon.

C'est l'imagination qui permet de voir en vous ce processus avant de le créer.

Chez quelqu'un avec une conscience élevée, la décision de l'âme, donc de l'être, précède l'action du corps. Seule une personne inconsciente cherche à produire un état d'être en faisant quelque chose avec son corps.

Ainsi, le but de la vie n'est pas d'arriver quelque part, mais simplement de voir que vous y êtes déjà et que vous y avez toujours été.

Par conséquent, le but de la vie est de créer, de créer qui vous êtes et qui vous choisissez d'être, puis d'en faire l'expérience afin de sentir en vous, cette grande estime de soi, cet amour de soi et ainsi ne pas avoir besoin de l'amour des autres.

Sans la relation, nous ne pouvons y arriver, car la relation est l'action.

Ainsi, l'amour n'est pas quelque chose de personnel, mais quelque chose de relationnel.

Comment utiliser votre imagination créative ?

La première chose à faire pour démarrer votre processus de création, c'est d'imaginer ce que vous choisissez d'être et de faire en relation avec quelqu'un, d'une manière très consciente, très lucide et très souvent.

Si vous imaginez uniquement le résultat à avoir, alors c'est quelque chose de connu et vous n'aurez pas de passion ni de joie dans la répétition du passé, du connu. Cela n'est pas l'imagination, mais la raison qui intervient.

Faites le calme et cherchez votre vision intérieure

Quand vous vivez une situation ou un problème inconfortable, commencez d'abord à faire le calme.

Apaisez votre situation en acceptant « ce qui est », soyez en paix avec votre monde extérieur afin que votre monde intérieure puisse vous apporter la vision, la perception.

C'est dans ces conditions, que de magnifiques idées vous sont révélées. Ne les cherchez pas, car elles viennent à vous sans effort.

Votre imagination est votre connaissance intuitive, qui elle, est connectée avec le tout.

Cette vision intérieure, voilà la chose importante que vous cherchez, mais vous ne pouvez pas l'avoir si vous vous préoccupez tellement et aussi profondément de votre réalité extérieure.

Si vous êtes constamment en train de vous disputer, d'argumenter, de juger, de vous justifier, d'accuser les autres, alors vous n'apaisez pas votre situation. Vous créez des distractions qui vous empêchent d'avoir cette vision intérieure.

Par conséquent, cherchez autant que possible à entrer en vous-même. Et dans les moments où vous n'êtes pas tourné vers l'intérieur, alors venez de l'intérieur dans vos relations avec le monde extérieur.

Souvenez-vous de cette vérité universelle : On va toujours en manque vers l'extérieur.

Vous avez passé votre vie tournée vers l'extérieur, mais vous n'aviez pas à le faire.

Vous devez uniquement penser au processus de création (être et faire) en vous observant être en train de faire cela et sentir en vous, la joie d'accomplir cela.

Imaginez ce que vous dites et ce que vous faites, et pensez-y constamment, jusqu'à ce que cela soit très clair, très visible pour vous.

Imaginez le processus, étape par étape, se dérouler en vous ! Lorsque votre processus sera très clair, ne pensez plus à rien d'autre.

N'imaginez aucune autre possibilité et de cette façon, votre passion, votre enthousiasme, commencera à vivre dans votre imagination.

Votre pouvez même exprimer certaines émotions.

Toute votre vie, vous avez appliqué ce processus de création de façon inconscience, maintenant vous allez l'utiliser de façon consciente.

Vous devez enlever de votre esprit imaginatif, toutes vos pensées négatives, toutes constructions mentales qui ne sont pas alignées en fonction de votre création. Ces pensées sont toujours du passé, du connu, donc de votre raison mémorisée.

Vous devez abandonner tout doute, tout pessimisme et toutes peurs. Vous devez entraîner votre esprit à conserver cette pensée originale qui vous passionne. De vous observer en action dans votre imagination.

Ces états négatifs sont remplacés, lorsque vous imaginez souvent votre processus et ainsi avoir hâte de le faire.

Quand vous aviez hâte de faire quelque chose et que vous avez trouvé vous-même votre idée de le faire, avez-vous remarqué que vous n'aviez aucune crainte d'agir ? Ne vous préoccupez pas de la réalité, des résultats, car ils ne sont que des conséquences

C'est le processus (être et faire) qui compte dans votre imagination et non le résultat (avoir). Ne vous préoccupez pas des résultats, car vous ne les connaissez pas, mais bien d'imaginer et être attentif au processus en cause.

Les résultats ne sont que des conséquences d'un processus de création. La réalité que vous observez est manifestement une conséquence.

Toute votre éducation et vos traditions ont mis l'importance sur les résultats, sur la réalité et non sur le processus en cause qui produit cette réalité. Acceptez cette observation et comprenez cette habitude.

Cette habitude vous a fait douter que vous n'avez pas de pouvoir pour créer la vie que vous désirez et ainsi croire que ce sont les autres qui vous donnent, qui vous apportent, ce que vous croyez avoir besoin pour vivre et être heureux.

Imaginez offrir aux autres ce que vous désirez pour vous

Une des plus profondes habitudes qui crée tous nos problèmes est celle de croire que nous sommes les victimes des agissements des autres.

En fait, cela ne sont que des conséquences dans notre réalité afin de nous faire prendre conscience d'offrir aux autres, ce que nous aimerions pour nous.

Sans la relation, il nous serait impossible de le créer et sentir cette joie, ce bonheur. Vous pouvez prétendre être aimable, mais sans action aimable envers une personne, alors vous n'avez aucune vérité dans l'âme à ce sujet ni aucune conscience à ce sujet.

Par conséquent, vous allez être tenté de prouver le contraire pour bien paraître si vous ne le faites pas.

Lorsque vous vivez un problème, un sentiment inconfortable et que vous croyez que c'est les autres qui l'ont produit, alors pour vous en libérer, vous devez choisir un nouvel état d'être, imaginer que vous l'êtes et ce que vous faites dans votre relation choisie.

Par exemple, si vous sentez que l'autre n'est pas attentif à vous, alors vous devez imaginer comment être attentif à l'autre et ce que fait une personne attentive dans une relation.

Donc, vous enlevez de votre esprit, l'élément égoïste et inconscient, puis vous offrez aux autres, ce que vous désirez pour vous.

C'est en donnant (ce que nous sommes) que nous faisons l'expérience de l'avoir et non en le gardant ni en le demandant.

Ainsi, si vous vivez un problème et que vous désirez vous en libérer, alors vous devez imaginer que vous êtes ce que vous aimeriez voir apparaître chez l'autre, puis vous imaginez agir à partir de cet état d'être dans votre relation.

Comment utilisez votre pouvoir de la parole ?

Soyez expressif avec le mot « je suis » suivit de l'action que vous imaginez faire.

Lorsque vos pensées imaginatives seront claires et fermes, alors vous pouvez les exprimer comme des vérités puissantes.

Il n'est pas nécessaire de le dire à tout le monde, mais il est nécessaire que vous le disiez à haute voix en utilisant les mots les plus créatifs de l'univers qui sont « je suis ».

Par exemple, vous êtes en train d'imaginer comment bien vous entendre avec une personne qui n'a pas été attentive avec vous, qui ne vous remarque pas, qui vous oublie malgré une relation de tous les jours avec elle.

Vous êtes conscient que vous devez être ce que vous désirez voir apparaître chez l'autre, donc vous choisissez d'être attentif.

Ainsi, vous pouvez exprimer cette phrase « je suis attentif dans ma relation avec elle et je pose des questions pour mieux la comprendre ».

Vous ne savez pas si la personne sera plus attentive à vous, car ce résultat est inconnu, c'est une surprise, mais c'est par l'exemple que vous pouvez changer la conscience des gens en toute liberté !

Le « je suis », suivit des mots que vous choisissez sont les plus puissantes affirmations créatives.

Tout ce que vous pensez, tout ce que vous dites, après les mots « je suis », apporte, provoque ces expériences, vous les amène.

La médisance est l'obstacle majeur de l'honnêteté

Si vous observez les gens, ils disent souvent le contraire et font de la médisance contre les gens.

Comment pouvez-vous utiliser cet outil de la création qui est la parole selon votre bien-être, quand vous dites des mots accusateurs, des critiques et des jugements dans le dos des gens avec qui vous aimeriez avoir une belle relation ?

Par exemple, une femme vit un problème que son homme n'est plus attentif à elle. Au lieu de choisir d'être attentive à son homme et d'affirmer le « je suis attentive et je m'intéresse à mon homme pour mieux le comprendre », elle a plutôt l'habitude d'aller jaser avec d'autres femmes et ainsi déclarer à l'univers, de nombreuses paroles méchantes dans le dos de son homme.

Elle retourne à la maison avec toutes ces paroles qui ont produit encore plus de manque d'attention envers son homme et par conséquent, son homme n'a pas trop envie de s'intéresser à elle avec une attitude semblable.

Le problème d'attention qu'elle vit est créé par son attitude inconsciente, par son manque d'attention.

Soyez cohérent en pensée, parole et action

Pouvez-vous observer que ce pouvoir fonctionne dans toutes les situations ?

Vous parlez méchamment de l'autre personne sans qu'elle soit présente et ainsi créer dans votre imagination, une crainte de ne pas être attentif et ainsi vous empêcher de faire une action aimable.

Dans cette situation, vous exprimez des paroles contre votre propre bonheur qui consistent à dire de mauvaises choses, au lieu d'affirmer ce que vous êtes et ce que vous faites en relation avec votre homme pour créer du bien-être.

Comment voulez-vous que l'univers apporte la création de votre désir, si vous n'êtes pas cohérente dans vos pensées, vos paroles et vos actions ?

Vous pensez à une chose, vous exprimez autre chose et puis vous faites une chose contraire.

Comment agir de façon juste et aimable dans vos relations ?

Offrez aux autres ce que vous voulez pour vous.

- Si vous désirez de l'attention, alors soyez attentif avec la relation de votre choix.

- Si vous désirez de l'appréciation des autres, alors appréciez les autres.

- Si vous désirez que l'autre soit honnête, alors soyez honnête avec cette relation.

- Si vous désirez être libre financièrement, alors faites en sorte pour que quelqu'un soit libre financièrement.

- Si vous désirez sortir de la pauvreté, alors soyez généreux et faites en sorte d'aider la relation de votre choix à sortir de la pauvreté.

En d'autres termes, si vous désirez vous faire aimer, alors soyez aimable avec la relation de votre choix.

Si vous observez attentivement ce qui se passe partout sur cette planète, les gens veulent être aimés, veulent être appréciés, veulent être reconnus. Ils meurent tous d'envie à ce sujet. Ils ont tellement besoin de cela, car ils ont oublié que ce qu'ils veulent est déjà en eux et il suffit de l'être en relation avec les autres.

Ils croient que cela provient des autres, et ils continuent à chercher à l'extérieur d'eux, ce qui est déjà en eux. Voilà pourquoi ils ne peuvent pas le trouver et passent d'une vitrine agréable à une autre.

Soyez juste dans vos relations

Vous croyez que faire du bien aux autres est noble. Il l'est, si vous n'oubliez pas votre propre bien-être dans les relations.

C'est en offrant consciemment de soi, de son être, peu importe ce que l'on fait, que nous créons en nous et dans l'âme des autres, un bien-être et alors, les gens sont plus disposés à retourner ce bien-être en toute liberté.

Mais ne vous inquiétez pas de le recevoir, car cela est une forme de condition, d'attente, de retour.

Cela n'est pas l'amour.

En étant aimable dans nos relations, nous devons aussi être juste. Pour l'être, il faut prendre conscience de son propre bien-être avant tout afin d'éviter les abus possibles.

Lorsqu'il y a de l'abus, alors il n'y a pas d'amour, mais bien une dépendance. Une obsession du pouvoir par celui qui possède ou donne et une dépendance au besoin pas celui qui reçoit.

Les parents doivent donc faire très attention avec leurs enfants ainsi que les amoureux afin de ne pas créer un besoin.

La justice n'est pas une conclusion suite à une action, mais bien d'être juste au départ, peu importe l'action dans notre relation.

Faites aux autres ce que vous aimeriez qu'on vous fasse et ne faites pas aux autres ce que vous n'aimeriez pas qu'on vous fasse.

N'attendez pas que toutes les lumières soient vertes pour commencer

Trop de gens sont au prise avec la peur de devoir rencontrer un problème, un obstacle sur la route de la création. Par conséquent, ils se mettent à penser, à penser, à penser dans leur plan afin de s'assurer que tout se déroulera à la perfection, donc sans obstacle, sans problème ou sans échec.

Cela ne fonctionne pas, car durant le trajet que vous ne connaissez pas, vous ne savez pas à quoi vous attendre à un moment donné.

Vous ne pouvez pas prendre une décision pour les obstacles que vous allez rencontrer, du moins, pas pour tous les obstacles que vous allez rencontrer.

En fait, vous désirez vivre un scénario déjà connu dans votre mémoire, car vous avez peur de ne pas être capable de solutionner quelque chose de nouveau qui pourrait arriver.

Vous sous-estimez votre pouvoir de création, car vous avez été éduqué par vos prédécesseurs, à douter de vous et à leur donner une confiance aveugle.

C'est le contraire qui fonctionne.

Ne doutez pas de vous, mais doutez des autres.

La perfection n'est pas l'absence de problème et d'échec, mais la liberté de faire des erreurs, de prendre conscience de la situation et de choisir de nouvelles expériences afin de se rapprocher de la joie du succès.

Dans l'action, il n'y a rien d'autre à ajouter. Agissez selon ce que vous aviez imaginé et aviez exprimé.

Agissez avec confiance et persévérance

Suivre une formation ou étudier pour accumuler du savoir sans mettre en pratique ses connaissances apprises est une aberration, un manque d'intelligence et une absence de sagesse.

Si vous n'êtes pas intéressé de vivre joyeusement, avec passion et bonheur, alors ne faites rien de nouveau par la peur de manquer votre coup.

L'échec est une étape du succès et rien ne se crée sans vivre d'échec. Si tous vos choix fonctionnaient, alors comment pouvez-vous sentir la très grande joie de la réussite ?

Le plus grand échec est d'avoir peur de vivre un échec et ainsi ne jamais entreprendre quelque chose.

Cette peur est une illusion que vous croyez vraie et elle existe pour vous apporter un choix entre le doute et la confiance.

En l'absence du doute, vous ne pouvez pas choisir la confiance.

La confiance entre en existence en vous, lorsque vous acceptez et comprenez le doute.

Vous niez le doute ou l'échec en cherchant à prouver aux autres, le contraire, et par conséquent, vous augmentez la résistance.

C'est en acceptant et en comprenant la nature du doute ou de l'échec, que vous vous en libérez sans effort ni résistance. Alors appréciez le doute, l'échec et faites un autre choix.

Il est préférable de faire quelque chose imparfaitement, que de ne rien faire parfaitement !

Inversez le processus de création pour des résultats immédiats

Le processus de création est en 3 étapes : Imaginer, parler et agir.

Si vous désirez des résultats rapidement, immédiatement, alors vous devez inverser ce processus. Vous faites l'action d'abord sans parler ni même penser.

Très souvent, les gens sont aux prises avec de profondes habitudes dans leur pensée et cela pourrait retarder l'action.

Par exemple, vous aimeriez sentir en vous ce que c'est que d'être généreux. Vous rencontrez quelqu'un que vous ne connaissez pas et qui est en train de mendier, vous passer au côté de lui est vous avez envoie de sortir de l'argent pour lui donner.

Vous devez le faire vite et sans penser, car votre esprit pourrait se mettre à réfléchir et ainsi retarder l'action et même vous justifier pour ne pas la faire.

Continuez la création consciente

Plus vous expérimentez de nouveaux états d'être dans vos relations, et plus vous évoluez en conscience de qui vous êtes.

Lorsque vous aurez vécu une création consciente et la joie d'avoir réalisé quelque chose à partir d'un choix conscient de vos états d'être, la vie ne sera plus la même.

Vous ne douterez plus de votre pouvoir de création ainsi que de la relation avec les autres. Plus votre conscience de qui vous êtes augmentera et plus votre unité avec le monde augmentera aussi.

Les gens pourraient vous sembler « endormis » dans l'inconscience, ce qui indique que vous commencez à vous « éveiller » et que vous avez passé une grande partie de votre vie dans l'inconscience, tout comme eux, tout comme moi.

Vous aurez la passion de continuer de créer à un niveau toujours plus conscient, toujours plus grandiose de qui vous êtes.

En fait, vous vous recréez dans des versions de plus en plus magnifiques de qui vous êtes au travers la création consciente, la création de soi.

Cette évolution de la conscience est uniquement possible à partir d'un choix d'être qui s'exprime librement au moyen d'un processus naturel de la création en pensée, parole et action.

Le résultat se produit dans deux domaines : la réalité extérieure dans le domaine physique et le sentiment intérieur dans le domaine de l'âme.

Soyez d'abord ce que vous désirez être, puis faites-en l'expérience !

Si vous observez les gens, vous verrez qu'ils cherchent à faire quelque chose afin d'avoir une résultat connu et ainsi être heureux.

Ils créent inconsciemment en croyant que le « faire » va produit un état d'être désiré. Mais ils oublient que lorsqu'ils lancent le « faire », leur sentiment actuel est celui qui est malheureux.

- Vous ne faites pas quelque chose afin d'être heureux dans la vie, vous êtes heureux d'abord et puis vous faites quelque chose.

- Vous ne faites pas quelque chose afin d'être aimé, vous êtes aimable d'abord et puis vous faites quelque chose.

- Vous ne faites pas quelque chose afin d'être reconnu, vous êtes reconnaissant d'abord et puis vous faites quelque chose.

- Vous ne faites pas quelque chose afin d'être libre, vous êtes libre d'abord et puis vous faites quelque chose.

- Vous ne faites pas quelque chose afin d'être, vous êtes cela et puis vous faites quelque chose.

Lorsque vous êtes conscient de votre état d'être, alors vous choisissez de ne rien faire à partir d'un sentiment inconfortable, au lieu de réagir à partir de cet état malheureux sans vous en rendre compte.

Vous ne pouvez pas prendre conscience de cela en lisant ce livre ni en écoutant les autres à ce sujet.

VOUS DEVEZ LE VIVRE.

Voilà ce qui fonctionne et voilà aussi pourquoi il y a tant de conflits dans notre monde, car les gens parlent d'amour, mais ne font pas des gestes d'amour à partir d'un état d'être aimable et juste.

Partagez votre sagesse et conscience

C'est en partageant vos expériences que vous créez un impact dans vos relations et dans la société, mais partagez d'abord avec ceux proches de vous.

Ne faites pas comme ces politiciens qui croient qu'en changeant la société on peut changer les gens.

En fait, cette monstruosité que vous voyez à chaque jour, ces conflits, ces guerres, ces chicanes et ces inégalités sont les conséquences de nos relations avec les gens qui sont proches de nous.

Si vous croyez que ce nombre est important, alors vous n'avez rien vu. Les gens font la plupart de leurs atrocités et mauvaises actions quand personne ne les voit, ne les observe.

Voilà pourquoi il est important, voire essentiel, de partager votre sagesse et conscience avec les membres de votre famille d'abord, sans que personne ne vous voit, car cette intention est une recherche de gloire des autres pour compenser votre manque de gloire à vos yeux.

En cherchant à se montrer de « bonne foi » au devant des autres, au devant de la société, alors vous ne faites que propager le mensonge, car on va toujours en manque vers l'extérieur.

Une personne aimable et consciente dans ses relations avec sa famille n'a rien à prouver aux autres à ce sujet, car elle est.

Ce sont ceux qui ne le sont pas qui cherchent à prouver le contraire.

Enseignez à vos enfants à découvrir leur pouvoir de création

Ce n'est pas ce que vous dites qui enseigne à vos enfants, mais bien ce que vous êtes pendant que vous le faites.

Ne cherchez pas à dicter ou à ordonner à vos enfants ce qu'ils doivent faire ou ne pas faire afin qu'ils vous obéissent, mais posez-leur des questions pour qu'ils découvrent eux-mêmes, la solution en y pensant.

Si vous connaissez la solution, alors ne la dites pas, mais amenez vos enfants à la découvrir et sentir en eux, la joie de découvrir cette surprise.

Quand on trouve soi-même la solution avec notre esprit, alors l'action à faire est rapide et sans aucune hésitation.

Enseignez cela à vos enfants et vous aurez apporté une grande valeur en vous, dans votre famille et dans la société.

Quand vos enfants seront dans le doute, alors parlez de vos expériences afin de les guider à comprendre que le doute, l'échec et la peur ne sont que des illusions pour leur permettre de faire un choix d'être en toute conscience et ainsi se rapprocher de la réussite, de la gloire, de la fierté par l'expérience choisie, selon eux.

Enseignez cela à vos enfants et vous leur aurez donné le pouvoir d'affronter tous les problèmes de la vie avec confiance et espoir.

Mais par dessus tout, enseignez à vos enfants que l'amour n'est pas d'obtenir quelque chose des autres ni d'avoir besoin des autres ni d'imposer des conditions, mais bien d'être aimables dans leur relation, peu importe ce qu'ils sont.

La source de leur bonheur est en eux, non chez les autres et il suffit de le partager par la création de soi, car on ne peut pas perdre ce que l'on donne, mais on peu perdre ce que l'on conserve et accumule.

Et si dans une relation, vos enfants se sentent mal, alors enseignez-leur que cela est leur vérité propre et se trahir soi-même est la plus haute trahison qui existe.

Être juste dans une relation, c'est de ne pas oublier ses propres vérités, ses sentiments. S'aimer d'abord est la première chose qui compte et cela n'est pas l'égoïsme, mais bien la conscience de soi.

Être sage n'est pas d'être âgé

La sagesse n'est pas quelque chose que l'on obtient avec l'âge ni avec la répétition de la même expérience, mais bien avec la conscience de soi au travers les nombreuses nouvelles expériences qui ont produit dans l'âme de l'être humain, des nouveaux sentiments, donc des nouvelles vérités propres.

Trop de gens croient que parce qu'ils ont 60 ans d'expérience ou 20 ans d'expérience dans un travail, alors ils sont sages.

En fait, la question est de savoir quel genre d'expérience ils ont eux depuis 60 ans ?

Répéter la même expérience n'est pas la sagesse, mais l'assurance de faire quelque chose par habitude, donc de connu.

Cela se nomme l'inconscience. Personne n'évolue, la sagesse n'évolue pas dans l'inconscience.

Par conséquent, la sagesse n'a rien à voir avec l'âge, mais plus on est âgé, plus il y a eu du temps pour expérimenter de nouvelles expériences.

Est-ce que les gens ont expérimenté de nouvelles expériences, quand on sait qu'ils recherchent la sécurité, donc la peur de vivre de nouvelles expériences qui débutent dans un problème ?

Alors, ramenez donc les brebis égarées en étant des bergers sages et conscients.

Vous êtes des créateurs et que fait un créateur ?

Il crée !

Et que crée-t-il ?

Des états d'être afin de sentir qui il est et sans la relation, cela serait impossible.

www.ingramcontent.com/pod-product-compliance
Lightning Source LLC
LaVergne TN
LVHW051839080426
835512LV00018B/2959